数字经济系列丛书

数字经济战略下中国企业"走出去"的劳动力市场效应研究

李宏兵 等 著

北京邮电大学出版社
www.buptpress.com

内 容 简 介

本书构建了数字经济冲击下企业"走出去"如何影响国内劳动力市场极化的分析框架,明确界定了劳动力市场极化的概念,系统评估了数字经济战略下中国企业"走出去"影响劳动力市场极化的机制与效应,并提出了具有战略性、前瞻性和针对性的系列对策措施。全书共包括8章:第1章是绪论;第2章是企业"走出去"影响劳动力市场极化的理论分析;第3章和第4章主要阐述了数字经济战略下中国企业"走出去"的机遇、挑战及劳动力市场的结构变迁;第5章、第6章和第7章是实证部分,分别考察中国企业"走出去"对就业极化和工资极化的影响,并检验了企业"走出去"、产业数字化升级与劳动力市场极化的关系;第8章为政策建议。

本书主要面向国际贸易、经济学专业的本科生和研究生,国际商务硕士,以及从事国际投资相关工作的专业人员。

图书在版编目(CIP)数据

数字经济战略下中国企业"走出去"的劳动力市场效应研究 / 李宏兵等著. 北京:北京邮电大学出版社,2020.4
　ISBN 978-7-5635-6006-6

Ⅰ.①数… Ⅱ.①李… Ⅲ.①劳动力市场—研究—中国 Ⅳ.①F249.212

中国版本图书馆 CIP 数据核字(2020)第 040442 号

策划编辑:彭　楠　　责任编辑:刘春棠　　封面设计:七星博纳

出版发行	北京邮电大学出版社
社　　址	北京市海淀区西土城路 10 号
邮政编码	100876
发 行 部	电话:010-62282185　传真:010-62283578
E-mail	publish@bupt.edu.cn
经　　销	各地新华书店
印　　刷	北京九州迅驰传媒文化有限公司
开　　本	720 mm×1 000 mm　1/16
印　　张	9
字　　数	172 千字
版　　次	2020 年 4 月第 1 版
印　　次	2020 年 4 月第 1 次印刷

ISBN 978-7-5635-6006-6　　　　　　　　　　　　　　　　定价:49.00 元

・如有印装质量问题,请与北京邮电大学出版社发行部联系・

前　言

后危机时代以来,随着"走出去"战略的深入推进,我国对外直接投资取得了迅猛发展。2017年中国对外直接投资1582.9亿美元,虽略有下降,但仍处于历史第二高位,并连续三年实现双向直接投资项下的资本净输出。十九大报告也强调了创新对外投资方式,促进国际产能合作,形成面向全球的贸易、投融资、生产、服务网络;同时要以"一带一路"建设为重点,坚持企业"走出去"战略。对此,不容忽视的是,以数据为关键要素的数字经济正蓬勃兴起,这不仅带动了我国传统产业向信息化、智能化转型升级,加快"走出去"企业进行全球产业链整合与优化升级,也为新形势下中国企业"走出去"的外部环境与内在特征带来深刻变革。

不仅如此,大量企业深度参与全球价值链,导致我国劳动力市场内部技能结构和收入分布也发生了深刻变革。一方面,企业"走出去"导致的国内要素投入降低和生产规模扩张会分别形成劳动力节约效应和就业创造效应,加剧就业层次分割并形成就业极化现象。另一方面,数字经济冲击下企业"走出去"动机的复杂化,使得其对劳动力市场形成截然不同的影响效应,即不仅影响就业规模变化,也会深化就业结构的技能分层。因此,在数字经济浪潮下,系统探讨中国企业"走出去"如何影响国内劳动力市场及影响效应,对加快实现数字经济战略下中国企业高质量"走出去"与和谐劳动力市场培育,落实十九大报告提出的创新对外投资方式,加快培育国际经济合作和竞争新优势,具有重要战略意义。

上述现实的快速发展势必要求理论和政策研究加快脚步,对此本书从数字经济战略下中国企业"走出去"的研究趋势出发,在清晰界定相关概念的基础上,系统阐述了企业"走出去"影响劳动力市场极化的理论逻辑及影响机制;同时归纳梳理了数字经济发展进程中中国企业"走出去"的新机遇与挑战,并分析了劳动力市场内部技能结构和收入分布的变迁及极化现象。此后,结合对外直接投资与劳动力市场变迁的经典命题,本书利用倍差法和工具变量回归等计量方案,实证研究了中国企业"走出去"对劳动力市场工资极化的影响,并进一步检验了企业"走出去"、产业数字化升级与劳动力市场极化的关系,进而细致研究了基于行业技能分化的企业"走出去"影响劳动力市场极化的影响效应。最后,针对数字经济战略下中国企业"走出去"影响劳动力市场极化的机制与效应,提出了具有战略性、前瞻性和针对性的系列对策措施。

本书得到国家自然科学基金青年项目(71503024)"异质性框架下出口内生型市场邻近与服务业集聚的工资差距效应研究"、教育部哲学社会科学研究后期资助一般项目(16JHQ035)"中国对外贸易动态演进与产品质量升级的收入分配效应研究"等科研项目资助。围绕相关选题,本书作者及研究团队在 *Open Economies Review*、《世界经济》、《财贸经济》、《财经研究》和《国际贸易问题》等发表论文多篇,形成了系列科研成果。本书合作者分别来自北京邮电大学、北京师范大学、首都经济贸易大学和云南大学等单位。具体分工如下:第1章由李宏兵撰写;第2章由李宏兵、文磊撰写;第3章由李宏兵、吕雨桐、陈前撰写;第4章由李宏兵、王贺新撰写;第5章由李宏兵、翟瑞瑞撰写;第6章由江小敏、李宏兵、赵春明撰写;第7章由李宏兵、王澼佑、段雪怡撰写;第8章由李宏兵、谷均怡、潘细牙撰写。

限于作者的水平和精力有限,不妥之处敬请各位读者批评指正。

李宏兵
2019 年 5 月于北京

目　　录

第1章　绪论 ·· 1

  1.1　数字经济战略下中国企业"走出去"的趋势演进 ····················· 2
    1.1.1　中国数字经济发展的规模及结构 ································· 2
    1.1.2　中国企业"走出去"的趋势特征 ································· 4
    1.1.3　中国企业"走出去"的政策演进 ································· 7
  1.2　相关概念界定及其内在关联 ·· 12
    1.2.1　概念界定 ·· 12
    1.2.2　中国企业"走出去"与劳动力市场极化的内在关联 ········· 13
  1.3　研究方法和研究框架 ·· 15
    1.3.1　研究方法 ·· 15
    1.3.2　研究框架 ·· 16

第2章　企业"走出去"影响劳动力市场极化的理论分析 ················ 19

  2.1　异质性视角下企业"走出去"的理论演进 ·························· 19
  2.2　企业"走出去"影响劳动力市场就业与工资的理论分析 ········· 21
    2.2.1　企业"走出去"对劳动力市场就业的影响 ····················· 21
    2.2.2　企业"走出去"对劳动力市场工资的影响 ····················· 25
  2.3　劳动力市场极化现象的理论解释 ····································· 27
  2.4　小结 ··· 29

第3章　数字经济战略下中国企业"走出去"的机遇与挑战 ············ 30

  3.1　数字经济战略与中国企业"走出去"的新机遇 ····················· 30

####### 3.1.1 数字经济发展开辟了"数字丝绸之路" ………………………… 30
####### 3.1.2 数字经济发展丰富了企业"走出去"的动机 ………………… 31
####### 3.1.3 数字经济发展丰富了企业"走出去"的商业模式 …………… 32
####### 3.1.4 数字经济发展形成了企业"走出去"的技术支撑 …………… 33
3.2 数字经济战略与中国企业"走出去"的新挑战 ……………………… 34
####### 3.2.1 "合规性"法律风险 …………………………………………… 34
####### 3.2.2 海外金融风险 …………………………………………………… 34
####### 3.2.3 文化冲突 ………………………………………………………… 35
####### 3.2.4 投资壁垒及政策挑战 …………………………………………… 35
3.3 数字经济战略下中国企业"走出去"的典型案例分析 ……………… 36
####### 3.3.1 中国移动互联网应用"走出去" ……………………………… 36
####### 3.3.2 中国分享经济"走出去" ……………………………………… 38
3.4 小结 ……………………………………………………………………… 39

第 4 章 数字经济战略下中国企业"走出去"与劳动力市场变迁 ………… 40
4.1 数字经济战略下中国劳动力市场的新变革 …………………………… 40
####### 4.1.1 就业模式 ………………………………………………………… 41
####### 4.1.2 供求结构 ………………………………………………………… 42
####### 4.1.3 技术导向 ………………………………………………………… 43
####### 4.1.4 产业优化 ………………………………………………………… 43
4.2 数字经济战略下中国企业"走出去"进程中的就业极化现象 ……… 45
####### 4.2.1 数据描述及国别结构分析 ……………………………………… 45
####### 4.2.2 中国企业"走出去"与就业极化 ……………………………… 46
4.3 数字经济战略下中国企业"走出去"进程中的工资极化现象 ……… 49
4.4 小结 ……………………………………………………………………… 50

第 5 章 中国企业"走出去"影响就业极化的实证分析 …………………… 51
5.1 数据匹配、模型构建与指标说明 ……………………………………… 51
####### 5.1.1 基于 PSM 方法的数据匹配 ……………………………………… 51
####### 5.1.2 模型构建与指标说明 …………………………………………… 53
5.2 基于倍差法的总体估计 ………………………………………………… 55
5.3 区分目的国和所有制的进一步估计 …………………………………… 57

  5.3.1 基于"一带一路"沿线国家的考察 … 57
  5.3.2 基于高、低收入国家的考察 … 59
  5.3.3 基于不同所有制企业的估计 … 61
 5.4 小结 … 63

第6章 中国企业"走出去"影响工资极化的实证分析 … 65
 6.1 中国企业"走出去"影响工资极化的模型构建与数据说明 … 65
  6.1.1 计量模型构建 … 65
  6.1.2 数据说明与描述性统计 … 66
 6.2 中国企业"走出去"影响工资极化的实证分析 … 68
  6.2.1 基准回归 … 68
  6.2.2 不同技能分组的回归分析 … 70
  6.2.3 考虑内生性的回归分析 … 72
 6.3 考虑异质性的拓展研究 … 72
  6.3.1 区分制造业和服务业的回归分析 … 72
  6.3.2 考虑长期变化趋势的回归分析 … 74
  6.3.3 基于分位数回归的实证分析 … 77
  6.3.4 考虑行业关联效应的回归分析 … 79
 6.4 小结 … 80

第7章 企业"走出去"、产业数字化升级与劳动力市场极化 … 82
 7.1 理论分析与假设检验 … 82
 7.2 企业"走出去"、产业数字化转型与就业极化 … 84
 7.3 企业"走出去"、产业数字化转型与工资极化 … 87
  7.3.1 模型与变量 … 87
  7.3.2 数据说明 … 89
  7.3.3 计量结果 … 90
  7.3.4 稳健性检验 … 99
 7.4 小结 … 104

第8章 数字经济战略下中国企业高质量"走出去"与和谐劳动力市场培育 … 106
 8.1 数字经济战略下中国企业高质量"走出去"的政策选择 … 106

8.1.1　完善相关法律法规建设,营造安全稳定的投资环境 …………… 106
　　8.1.2　借助数字经济战略,加快产业向高端生产与智能制造转型 …… 108
　　8.1.3　积极推动企业抱团"走出去",重视数字经济相关标准的国际化输出 … 110
　　8.1.4　推进数字经济与"走出去"企业深度融合,提升中小、民营企业海外抗风险能力 ……………………………………………………………… 112
8.2　协同推进中国企业高质量"走出去"与和谐劳动力市场培育 ………… 114
　　8.2.1　推动中国企业高质量"走出去",发挥对外直接投资积极劳动创造效应 …………………………………………………………………… 116
　　8.2.2　提升劳动力技能,大力推广职业技能教育与培训 ……………… 117
　　8.2.3　减少就业市场性别歧视,增进劳动力市场的公平 …………… 118
　　8.2.4　强化收入分配政策作用,缩小不同劳动力群体的收入差距 …… 119

参考文献 ……………………………………………………………………… 122

第1章 绪　　论

随着"一带一路"倡议深入推进,中国企业"走出去"成为推动经济结构调整、产业结构优化升级的新动能,也是深度融入全球数字经济浪潮、参与新一轮国际分工的重要机遇,十九大报告也明确指出,要以"一带一路"建设为重点,坚持企业"走出去"战略。对此,不容忽视的是,以数据为关键要素的数字经济正蓬勃兴起,这不仅带动了我国传统产业向信息化、智能化转型升级,加快"走出去"企业进行全球产业链整合与优化升级,也为新形势下中国企业"走出去"的外部环境与内在特征带来深刻变革。尤其是,基于互联互通的"数字丝绸之路"建设倡议,将会重塑企业"走出去"的结构特征和海外市场布局,并在更广泛的领域挑战"走出去"的传统路径。一方面,数字经济与制造业深度融合驱动了传统产业转型升级,有利于企业通过数字化发展强化自身国际影响力和竞争力,并为"走出去"提供了新的动力和机遇;另一方面,数字经济发展的不确定性、信息安全风险和合规风险放大了企业国际化的传统风险,也给企业"走出去"带来了极大挑战。

不仅如此,以大数据、人工智能和物联网等为技术驱动的数字经济发展也改变了劳动力市场的供需结构和传统就业模式,"机器替代人"的恐慌卷土重来。当然,随着数字经济形态的不断丰富,其对于劳动力市场的冲击也并非简单的替代效应,而是呈现就业替代与就业创造的综合影响。一方面,被数字技术改变商业逻辑的部分行业及相关重复性工作领域的就业机会面临转型、锐减甚至消失,而伴随对就业人群能力升级的需求,部分标准化、程序化的非脑力工作可被技术低成本替代。另一方面,数字经济向传统经济模式的不断渗透,也使得数字化基础服务与新经济、新零售等新的商业模式成为就业增长的重要领域。因此,结合上述分析,在数字经济冲击下,系统探讨中国企业"走出去"如何影响国内劳动力市场及影响效应,对加快实现数字经济战略下中国企业高质量"走出去"与和谐劳动力市场培育,落实十九大报告提出的创新对外投资方式,加快培育国际经济合作和竞争新优势,具有重要战略意义。

1.1 数字经济战略下中国企业"走出去"的趋势演进

1.1.1 中国数字经济发展的规模及结构

(1) 数字经济总体规模不断扩大,国民经济占比逐步攀升。

在世界经济加速数字化转型背景下,数字经济与经济社会各领域深度融合并日渐成为各国推动经济社会转型、培育经济新动能,继而构筑竞争新优势的重要抓手。尤其是在全球经济处于增长乏力的新时期,中国经济步入中高速增长的"新常态",数字经济更是被视为拉动经济增长的新杠杆。据工信部统计,2017年中国数字经济规模占GDP的比重超过32.9%,同比提升2.6个百分点,对GDP总量的贡献率为55%,接近甚至超越了某些发达国家,数字经济在国民经济中的地位不断提升。2008—2017年,数字经济总体规模从2008年的4.8万亿元增长到了2017年的27.2万亿元,约为2008年的5.6倍;数字经济占GDP比重也由2008年的15.2%增加到了2017年的32.9%,增长了大约1倍(如图1-1所示)。这表明,后危机时代以来,数字经济对我国GDP增长的贡献不断增加,在国民经济中的地位逐步攀升,数字经济已成为近年来推动经济增长的核心动力。

图1-1 中国数字经济发展现状及GDP占比情况

注:根据工信部中国信息通信研究院数据绘制。

(2) 数字经济基础部分增势稳定、结构优化,融合部分占比高、增速快。

从数字经济发展结构来看,数字经济基础部分和融合部分是影响企业"走出去"和经济发展的主要力量。

一,数字经济基础部分增长态势与宏观经济发展水平保持一致,占 GDP 比重始终维持在 6%~7%,且结构不断优化。来自工信部的统计数据显示,电子信息产业成为支撑我国制造强国、网络强国建设和我国经济社会创新发展的重要引擎。2017 年,规模以上电子信息制造业收入超过 13 万亿元,软件和信息技术服务业收入突破 5 万亿元,整体规模超过 18 万亿元。进一步看,2010 年以来,电子信息制造业占 GDP 比重逐渐下降,而软件业和互联网行业占 GDP 比重则明显提升(如图 1-2 所示)。以物联网、大数据、云计算和人工智能等新兴领域为代表的数字经济基础部分增长迅速,且紧跟全球发展步伐,内部结构不断优化。

二,数字经济与传统行业深度融合发展,公共服务数字化转型加速,融合规模占比逐步扩大,增速加快。据统计,信息通信服务业增长稳中有进,2017 年,规模接近 3 万亿元。基础电信业全年完成电信业务收入 1.26 万亿元,增速达到 6.4%。互联网企业收入 1.73 万亿元,同比增长 39.0%,在整个信息通信服务业中的占比达到 58%,比 2016 年提升 7%,成为我国数字经济中的亮点。数字经济融合部分规模为 21 万亿元,同比名义增长 20.9%,融合部分占数字经济比重由 2005 年的 49% 提升至 2017 年的 77.4%,占 GDP 比重由 2005 年的 7% 提升至 2017 年的 25.4%,融合部分对数字经济增长的贡献度高达 79.2%。这反映出以数字化的技术创新传统产业生产经营模式,不断推动社会信息化,优化资源配置,不仅有利于推动经济增长,也有利于培育企业新的竞争力和"走出去"的新动能。

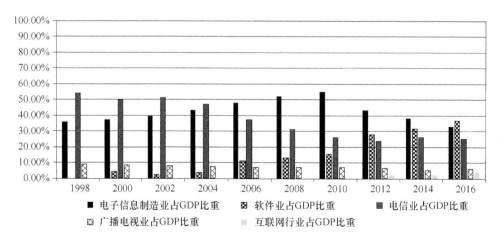

图 1-2 数字经济基础部分结构变动趋势
注:根据工信部中国信息通信研究院数据绘制。

（3）数字经济改变传统"走出去"范式，"走出去"的数字化特征显现。

当前，我国正处于经济结构转型升级与新一轮科技革命、产业变革的历史交汇期，新旧动能接续转换的客观要求日趋紧迫，实体经济利用数字经济广度、深度不断扩展，新模式、新业态持续涌现，数字经济将改变企业传统"走出去"的范式——以绿地投资为主，更多的是到海外开发承包工程和劳务合作，中国企业"走出去"的数字化特征日益凸显，发展大幕已经开启。

数字经济为中国企业"走出去"带来了生产的数字化、产品的数字化、营销的数字化，这些革新都会为我国企业"走出去"提供新的动力。在数字化发展的新浪潮下，数字经济将会重塑中国企业"走出去"的特征。

一，制造业"走出去"逐渐向"微笑曲线"两端转移，高端生产、智能制造成为新热点。制造业企业在经营活动中的数字技术含量日益增多，技术创新更加显著，绿地投资开始转至技术、高端制造等领域，推动中国制造的标准"走出去"。"中国制造 2025"从顶层设计中体现创新驱动的特点，这将使得资本追逐技术推动高端生产、智能制造成为新热点。

二，民营科技企业日渐成为"一带一路"新力量。数字经济可以重建民营企业"走出去"的结构，促进实体经济转型升级，加速人工智能、云计算、大数据、区块链等新技术与各行业深入融合，为民营科技企业"走出去"提供技术支撑，使得我国民营科技企业"走出去"借助数字经济实现弯道超车。

三，中国企业"走出去"有意向全球价值链高端延伸，在提升产品"硬实力"的同时打造品牌"软实力"。企业"走出去"借助数字经济不断重组和优化产业结构，建立数字化的供应链管理系统，提供高端研发技术和高质量的服务标准，更加重视全产业链布局，以提升产业链上各个环节的国际化水平为抓手，提高企业国际竞争力。随着中国企业不断走向国际市场，品牌战略意识逐渐加强，开始注重推进中国标准"走出去"。目前，腾讯、海尔、华为、联想、中国移动等在世界范围内创建自己的品牌形象，提升自身知名度与国际竞争力。在全球范围内战略布局、调动资源配置，加速全产业链上的全球化发展，通过打造全球知名品牌，向全球价值链高端延伸。

1.1.2 中国企业"走出去"的趋势特征

自 2001 年国家正式提出企业"走出去"战略以来，中国对外直接投资出现了高速增长，投资存量不断增加，从 2003 年的 332 亿美元到 2017 年的 18 090.4 亿美元，如表 1-1 所示。其中，2003—2008 年中国对外直接投资增速平均年增长率高达 80% 左右,特别是2008年增速更是高达111%。尽管2008年遭遇全球性金融危机,但2009年对外直接投资流量较2008年并没有明显减少,反而微弱增长。中国商务部公布的2017年度中国对外直接投资统计公报显示,2017年中国对外直接投资1582.9亿美元,同比下降19.3%,为自2003年中国发布年度统计数据以来首次出现负增长,但仍为历史第二高位,仅次于2016年。

表1-1 2003—2017年中国对外直接投资的概况(单位:亿美元)

年份	流量	同比增长	存量
2003	28.5	5.6	332.0
2004	55.0	93.0	448.0
2005	122.6	122.9	572.0
2006	211.6	43.8	906.3
2007	265.1	25.3	1 179.1
2008	559.1	110.9	1 839.7
2009	565.3	1.1	2 457.5
2010	688.1	21.7	3 172.1
2011	746.5	8.5	4 247.8
2012	878.0	17.6	5 319.4
2013	1 078.4	22.8	6 604.8
2014	1 231.2	14.2	8 826.4
2015	1 456.7	18.3	10 978.6
2016	1 961.5	34.7	13 573.9
2017	1 582.9	−19.3	18 090.4

注:数据来源于历年《中国对外直接投资统计公报》。

21世纪以来,中国对外直接投资之所以会有喷井式的增长,其深层次的原因之一是我国外汇储备快速积累,由以前的储备短缺和外汇短缺的"双缺口"转变成了储备过剩和外汇过剩的"双过剩"的局面。随着我国出口顺差的不断扩大,我国外汇储备积累不断加速,其外汇的投资回报率低下,对外直接投资就成为必然的选择。随着"走出去"战略的深入推进,我国鼓励企业走出去,加快对外直接投资,同时政府出台系列支持措施,相继成立了中非发展基金、纺织业"走出去"专项基金和对外经济技术合作专项基金等项目。尤其是,十八届三中全会以来,国家将"走出去"战略提升至前所未有的高度,政府工作报告中多次提出"简化各类审批手续,落实企业境外投资自主权",反映出中国对外直接投资朝着放松投资管制或者投资便利化的方向发展。例如,从

2014年10月6日起开始实施中国商务部新修订的《境外投资管理办法》,将需商务部核准的对外投资事项由6 608项减少到100项左右,即98%的项目已经不再需要审批。对外直接投资限制放宽后,进一步刺激了中国企业海外投资的积极性。

从对外直接投资的产业结构来看,2004—2016年各行业对外直接投资均呈上升趋势,且主要以服务业为主,制造业次之,农业对外直接投资增长相对缓慢,但2017年对外直接投资流量首次出现负增长(如图1-3所示)。在服务业中,租赁和商务服务业、批发零售业、金融业和采矿业,增长尤为迅速。其主要原因是金融危机以后,鼓励中国企业以对外直接投资的形式建立海外资源供应基地,获取短缺资源成为"走出去"战略的重要政策导向,如仅海外并购活动中,自然资源类的并购活动占到了中国海外并购的85%。此外,通过投资银行业务保持外汇资产的保值增值和通过商业设施投资促进对外贸易,规避贸易壁垒也占重要比重,所以制造业的矿产业和服务业里面的金融业表现突出,尤其是制造业以喷井式速度对外直接投资。而农业对外直接投资2011年以后也略有增长,但增速相对较慢。

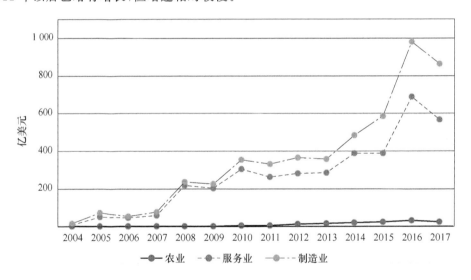

图1-3　中国对外直接投资的产业结构

注：数据来源于历年《中国对外直接投资统计公报》。

从对外直接投资的海外目的地分布来看,整体上,对外直接投资目的地国家数量呈上升趋势,投资增速也总体呈现上升态势(如图1-4所示)。具体而言,中国对外直接投资主要集中在亚洲,近几年所占比重一直在70%左右,其中又以香港地区占比最高(80%)。这主要是由于亚洲地区市场大、成本低、资源丰富、法制完善和相近的文化、习俗,同时资源寻求、技术寻求和市场寻求也成为企业选择投资目的国的重要依据。此外,拉丁美洲、北美和欧洲也是我国企业对外直接投资的主要地区。尤其是2008年金融危机以后,中国企业对美国投资大幅增长,并在2014年成为中国第二大投资目的国。

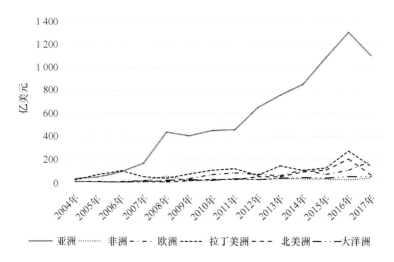

图1-4 中国对外直接投资的目的地分布

注:数据来源于历年《中国对外直接投资统计公报》。

1.1.3 中国企业"走出去"的政策演进

经过30多年的改革开放,由当初的严格限制外资进入到积极吸引外资,再到鼓励企业"走出去"进行对外直接投资,我国的外资政策发生了较大的变革。研究整合我国对外投资政策的演变历程有助于更好地理解我国企业"走出去"的历程,研究我国外资政策的缺陷和不足有助于进一步完善我国"走出去"战略,展望未来我国外资政策的走向。[①]

"走出去"的战略缘起最早可追溯至1978年。十一届三中全会明确提出:"在自力更生基础上,积极发展同世界各国平等互利的经济合作。"1979年8月,国务院下发《关于经济改革的十五项措施》,明确指出"允许出国办企业",这是我国第一次将出国办企业、发展对外投资作为一项国家政策。1992年10月,中共的十四大报告将其表述为:"中国政府积极鼓励国内企业逐步扩大在国际市场中的对外投资份额。"

1997年9月,十五大指出,中国政府将把工作重点放在提高对外开放水平上,第

---

① 我国境外投资政策演变中,2007年以前的内容可参见中国国际贸易促进委员会经济信息部《我国"走出去"战略的形成及推动政策体系分析》。

一次明确提出"更好地利用国内、国外市场的两种资源进行对外直接投资,鼓励中国国内企业积极参与区域经济合作,充分利用我国自身的比较优势进行对外直接投资行为。"

1998年2月,十五届二中全会提出,必须要在中国政府的领导下,逐步、稳定地组织支持一批有实力、有优势的国有企业"走出去",到国外去进行对外投资,主要投资区域可选择中亚、中东、非洲、中欧、南美等地。"走出去"战略雏形完成。

2000年10月,十五届五中全会在《中共中央关于制定国民经济和社会发展第十个五年计划的建议》中首次公开提出实施"走出去"战略,把"走出去"战略提高到国家战略层面。

2001年3月,我国政府正式将"走出去"战略写入全国人大九届四次会议通过的《国民经济和社会发展第十个五年计划纲要》,提出了"走出去"战略的具体要求:一,要求鼓励对外直接投资企业能够发挥我国的比较优势;二,积极扩大国际经济技术合作的领域、途径和方式;三,深入发展对外承包工程和劳务合作,鼓励中国对外直接投资企业到别国开发稀缺的资源,以达到调整产业结构、促进资源置换的作用;四,鼓励企业利用国外智力资源,在国外设立针对中国企业服务信息的研究开发机构和设计中心;五,大力支持有实力的大型、中小型企业进行跨国经营,达到发展国际化水平的目的;六,健全对外直接投资的服务体系,在金融、保险、外汇、财税、人才、法律、信息服务、出入境管理等方面,为实施"走出去"战略创造条件;七,完善境外投资企业的法人治理结构和内部约束机制,规范对外投资的监管。

2002年11月,十六大报告提出,实施"走出去"战略是对外开放新阶段的重大举措,鼓励和支持有比较优势的各种所有制企业对外投资。坚持"引进来"和"走出去"相结合,全面提高对外开放水平。适应经济全球化趋势和加入世贸组织的新形势,在更大范围和更高层次上参与国际经济技术合作和竞争,充分利用国际国内两个市场,优化资源配置,拓宽发展空间,以开放促改革、促发展,为我国政府提供了政策方向的指引。此后,国家发展和改革委员会(以下简称国家发改委)、商务部、财政部、外汇管理局等部门逐步启动了政策调整的步伐,开始了实质性的政策支持。

2003年10月,十六届三中全会《中共中央关于完善社会主义市场经济体制若干问题的决定》提出,继续实施"走出去"战略,完善对外投资服务体系,赋予企业更大的境外经营管理自主权,健全对境外投资企业的监管机制,促进我国跨国公司的发展。

2006年3月,《国民经济和社会发展第十一个五年计划纲要》提出,要进一步实施"走出去"战略,鼓励有条件的企业对外投资和跨国经营,加大信贷、保险、外汇等支持力度,加强对"走出去"企业的引导和协调。建立健全境外国有资产监管制度。

2006年10月25日,温家宝主持召开国务院常务会议,讨论通过《关于鼓励和规范我国企业对外投资合作的意见》。会议认为,支持有条件的企业按照国际通行规则对外投资和跨国经营,是对外开放新阶段的重大举措,对于更好地利用国际国内两种资源、两个市场,推进经济结构调整,增强企业国际竞争力,促进国际交流合作、共同发展,具有重要意义。

2009年5月27日,温家宝主持召开国务院常务会议,研究部署进一步稳定外需的政策措施。会议强调支持各类所有制企业"走出去"以带动出口。2009年安排优惠出口买方信贷规模100亿美元。简化优买、优贷项目和资金审批程序。会议要求各地区和有关部门加强协调配合,充分调动各方面积极性,限期落实各项政策措施。

2010年3月,我国《政府工作报告》指出,加快实施"走出去"战略,鼓励符合国外市场需求的行业有序向境外转移产能,支持有条件的企业开展海外并购,深化境外资源互利合作,提高对外承包工程和劳务合作的质量。进一步简化各类审批手续,落实企业境外投资自主权。"走出去"的企业要依法经营,规避风险,防止恶性竞争,维护国家整体利益和良好形象[①]。

2010年4月14日,温家宝主持召开国务院常务会议,分析一季度经济形势、研究部署下一阶段经济工作时提出,要提升对外开放水平。完善稳定外需的各项政策,促进对外贸易转型升级。稳定进口促进政策,继续增加进口。做好利用外资和"走出去"工作,优化外商投资环境,加强对境外投资项目的统筹协调、政策支持和风险预警。

2010年9月8日,温家宝主持召开国务院常务会议,审议并原则通过《国务院关于加快培育和发展战略性新兴产业的决定》,决定指出,深化国际合作。多层次、多渠道、多方式推进国际科技合作与交流。引导外资投向战略性新兴产业,支持有条件的企业开展境外投资,提高国际投融资合作的质量和水平。积极支持战略性新兴产业领域的重点产品、技术和服务,开拓国际市场。

2011年3月,《国民经济和社会发展第十二个五年规划纲要》指出,按照市场导向和企业自主决策原则,引导各类所有制企业有序开展境外投资合作。深化国际能源资源开发和加工互利合作。支持在境外开展技术研发投资合作,鼓励制造业优势企业有效对外投资,创建国际化营销网络和知名品牌。做好海外投资环境研究,强化投资项目的科学评估。提高综合统筹能力,完善跨部门协调机制,加强实施"走出去"战略的宏观指导和服务。加快完善对外投资法律法规制度,积极商签投资保护、避免双重征税等多双边协定。健全境外投资促进体系,提高企业对外投资便利化程度,维护我国

---

① 参见2010年《政府工作报告》。

海外权益,防范各类风险。"走出去"的企业和境外合作项目,要履行社会责任,造福当地人民①。

2012年3月,《政府工作报告》指出,实施"走出去"战略,努力提高对外开放的质量和水平。我国正处于对外投资加快发展的重要阶段,要加强宏观指导,强化政策支持,简化审批手续,健全服务保障。引导各类所有制企业有序开展境外能源、原材料、农业、制造业、服务业、基础设施等领域投资合作和跨国并购。创新境外经贸合作区发展模式,支持"走出去"的企业相互协同、集群发展。规范发展对外劳务合作。放宽居民境外投资限制。加强对外投资风险管理,维护我境外企业人员人身和资产安全。

2013年《政府工作报告》指出,坚持把利用外资与对外投资结合起来,支持企业"走出去",拓展经济发展的新空间②。

2013年5月6日,国务院常务会议研究部署2013年深化经济体制改革重点工作,决定再取消和下放一批行政审批事项,稳步推出利率汇率市场化改革措施,提出人民币资本项目可兑换的操作方案。建立个人投资者境外投资制度,制定投资者尤其是中小投资者权益保护相关政策,出台扩大中小企业股份转让系统试点范围方案。规范发展债券、股权、信托等投融资方式。

2013年6月19日,李克强主持召开国务院常务会议,研究部署金融支持经济结构调整和转型升级的政策措施,决定再取消和下放一批行政审批等事项。支持企业"走出去"。创新外汇储备运用,拓展外汇储备委托贷款平台和商业银行转贷款渠道,大力发展出口信用保险。推进个人对外直接投资试点工作。

2013年11月,中国共产党第十八届中央委员会第三次全体会议通过《中共中央关于全面深化改革若干重大问题的决定》,其中规定扩大企业及个人对外投资,确立企业及个人对外投资主体地位,允许发挥自身优势到境外开展投资合作,允许自担风险到各国各地区自由承揽工程和劳务合作项目,允许创新方式"走出去"开展绿地投资、并购投资、证券投资、联合投资等。加快同有关国家和地区商签投资协定,改革涉外投资审批体制,完善领事保护体制,提供权益保障、投资促进、风险预警等更多服务,扩大投资合作空间③。

2014年3月,李克强总理在我国2014年《政府工作报告》中指出,在"走出去"中提升竞争力。推进对外投资管理方式改革,实行以备案制为主,大幅下放审批权限。

---

① 参见《中华人民共和国国民经济和社会发展第十二个五年规划纲要》。
② 参见2013年《政府工作报告》。
③ 参见《中共中央关于全面深化改革若干重大问题的决定》。

健全金融、法律、领事等服务保障,规范"走出去"秩序,促进产品出口、工程承包与劳务合作①。

2014年6月25日,李克强主持召开国务院常务会议,部署做好粮食收储和仓储设施建设工作,研究决定完善农产品价格和市场调控机制,要深化产业国际合作。在西部地区建设向西开放产业平台,支持优势企业到境外开拓市场。

2014年12月24日,李克强主持召开国务院常务会议,部署加大金融支持企业"走出去"力度,推动稳增长、调结构、促升级,决定进一步盘活财政存量资金,更好服务经济社会发展,确定保障和改善残疾人民生的措施,共享发展成果同奔小康生活。会议认为,统筹国内国际两个大局,加大金融对企业"走出去"的支持,是稳增长、调结构的重要举措,可以推动我国优势和富余产能跨出国门,促进中外产能合作,拓展发展空间,提高中国产品尤其是装备的国际竞争力,推进外贸结构优化升级,促进制造业和金融服务业向中高端水平迈进。

2015年1月28日,李克强主持召开国务院常务会议,部署加快中国装备"走出去"推进国际产能合作。会议认为,对接相关国家建设和发展需求,通过政府推动、企业主导,运用商业模式,促进我国重大装备和优势产能"走出去",开展产能合作,实现互利共赢,不仅是扩大国际投资经贸合作的重要机遇,可以形成新的外贸增长点,也是国内产业优化升级的重要抓手。

2015年5月16日,国务院印发的《关于推进国际产能和装备制造合作的指导意见》指出,坚持"企业主导、政府推动,突出重点、有序推进,注重实效、互利共赢,积极稳妥、防控风险"的基本原则,将与我国装备和产能契合度高、合作愿望强烈、合作条件和基础好的发展中国家作为重点国别,并积极开拓发达国家市场,以点带面,逐步扩展。

2015年6月20日,国务院办公厅日前印发《关于促进跨境电子商务健康快速发展的指导意见》,提出培育一批公共平台、外贸综合服务企业和自建平台。支持跨境电子商务发展,有利于用"互联网+外贸"实现优进优出,发挥制造业优势,扩大海外营销渠道;有利于增加就业,打造新的经济增长点。电商"走出去",要按照"在发展中规范,在规范中发展"的总体原则,支持和鼓励有实力的企业做大做强。

2016年5月16日,国务院印发《关于深化制造业与互联网融合发展的指导意见》,将钢铁、有色、建材、铁路、电力、化工、轻纺、汽车、通信、工程机械、航空航天、船舶和海洋工程等作为重点行业,分类实施,有序推进。加强统筹协调,注重体制机制创新,坚持开放合作发展,健全服务保障体系,大力推进国际产能和装备制造合作,有力促进国内经济发展、产业转型升级,拓展产业发展新空间,打造经济增长新动力,开创

---

① 参见《两会授权发布:政府工作报告》。

对外开放新局面。

2017年10月18日,十九大报告中,习近平主席强调,推动形成全面开放新格局,创新对外投资方式,促进国际产能合作,形成面向全球的贸易、投融资、生产、服务网络,加快培育国际经济合作和竞争新优势。

2017年12月28日,中国商务部正式对外发布2017版《对外投资合作国别(地区)指南》。《指南》全面介绍了投资合作目的国(地区)的基本情况、经济形势、政策法规、投资机遇和风险等内容,是帮助国内企业规范稳健"走出去",更好防范和化解对外投资风险的一本"百科全书"。

2018年1月,商务部等各部委印发《对外投资备案(核准)报告暂行办法》,进一步明确要求加强对外投资备案(核准)报告管理工作,建立健全部门间信息统一归集和共享机制,为更好服务"一带一路"建设和对外开放大局提供制度保障。

由上述企业"走出去"战略的发展历程可见,我国对外直接投资的制度障碍逐步消除。涉及国家问题的重要决议中对对外直接投资问题给予高度关注,国家政策鼓励构建完备的境外直接投资制度。制定一部境外直接投资法,既是境外直接投资实践发展的必然需求,也是我国境外直接投资政策沿革至今的必然产物。

1.2 相关概念界定及其内在关联

一般而言,对于术语的界定可以分为两种:一种是从理论抽象出发而下的定义,即所谓的概念性定义或理论性定义,这类定义具有高度的概括性,内涵较为清楚,但是外延比较模糊,其目的是揭示事物的本质属性,提高学术研究的规范性;另一种则是出于某些工作,如统计工作的需要对名词作出的较为具体的、外延比较明确的定义,被称为技术性定义或实践性定义。本书以实证研究为特点,因此研究的主要目的并不是对相关术语的抽象概念的分析,而是以对抽象定义的分析为基础,界定其技术性定义,以达到便于统计、调查、量化相关变量的目的。

1.2.1 概念界定

1. 对外直接投资

国际投资理论将对外直接投资视为一国企业、团体等在国(境)外以现金、实物、无形资产等方式投资,并以控制国(境)外企业的经营管理权为核心的经济活动。日本学者Kojima(1978)根据对外直接投资的动机差异将其分成了自然资源型(Resource

Oriented)、市场导向型(Market Oriented)和生产要素导向型(Factor Oriented)三类,这对发展中国家对外直接投资的实践也具有较好的解释力。此外,商务部和国家统计局对该定义也进行了细致阐述,根据2007年《商务部、国家统计局关于印发〈对外直接投资统计制度〉的通知》中的定义,对外直接投资是指我国国内投资者以现金、实物、无形资产等方式在国外及港澳台地区设立、购买国(境)外企业,拥有该企业10%或以上的股权,并以控制企业的经营管理权为核心的经济活动。本书基本延续上述对外直接投资的定义,将其作为企业"走出去"的表征变量。同时,分别从省份、行业和企业层面进行了考察,需要说明的是,限于数据的可得性,企业层面对外直接投资我们采用商务部境外投资企业(机构)名录中企业是否对外投资的指标衡量。

2. 劳动力市场极化

根据欧美国家20世纪90年代以来的经验,将高技能劳动力和低技能劳动力就业份额不断上升,而中等技能劳动力就业份额不断下降的情形,视为就业极化现象。Goos等(2009)、Jaimovich和Siu(2015)以美国为例,研究发现美国经济复苏过程中工作岗位的消失主要发生于中等技能劳动所从事的工作,而高技能和低技能劳动所从事的工作在经济复苏过程中均有不同程度的增加。对此,学者们认为技能偏向型技术进步替代了传统流程化和可编码的工作,如制造业和零售业等行业的工作,导致这些中等技能行业的就业和工资份额下降(Autor,2003;Goos et al,2009)。Autor和Dorn(2009)基于技能偏向型技术进步视角,同样分析了美国的劳动力市场极化,发现以人均计算机拥有率衡量的技能偏向型技术进步降低了中等技能劳动力的就业份额,以外包可能性指数作为外包指标也证实外包加剧了劳动力市场极化。我国也同样存在上述现象,陆铭等(2012)、吕世斌和张世伟(2015)的研究发现无论是制造业和服务业还是制造业内部,均存在不同程度的就业U形变化特征,即高技术行业和低技术行业就业增长幅度较大,而中等高技术行业就业增长幅度较小。本书基本沿用陆铭等(2012)、吕世斌和张世伟(2015)的定义,从行业、企业和劳动力个体层面全面考察了劳动力极化现象形成的开放诱因,并分析了数字经济背景下企业"走出去"的影响效应。

1.2.2 中国企业"走出去"与劳动力市场极化的内在关联

对于企业"走出去"影响母国劳动力市场的理论机理,传统国际贸易与国际投资理论并没有给出明确回答。传统H-O理论诠释了国际贸易对劳动市场的收入分配效应,即国际贸易将提高发达国家高技能劳动的相对工资,而高技能劳动收入的提升会增加对诸如保姆、清洁工等计算机无法替代的低技能劳动密集型产品的消费需求,从而导致了劳动力市场极化,这也得到了相关研究的支持(Mannning,2004;Acemoglu et al,2010;Autor et al,2013)。不仅如此,相关学者还从外包视角解释劳动力市场极化现象的理论成因。一方面,外包将发达国家中等技能劳动从事的工作(如制造业)转移到国外,从而直接减少该国中等技能劳动力就业岗位;另一方面,外包通过影响技能偏向型技术进步,使得中等技能行业的就业和工资份额下降,高、低技能行业就业和工资份额上升。

根据上述研究,在系统梳理相关理论研究的基础上,归纳了企业"走出去"影响劳动力市场的内在关联。具体如下。

一,企业"走出去"引致的国内要素投入降低和生产规模扩张会分别形成劳动力节约效应和就业创造效应,加剧就业层次分割并形成就业极化现象。对此,企业"走出去"一方面通过转移国内仓储、配送、销售等商贸流通环节和中等技术的加工生产环节,通常会节约国内要素投入尤其是降低母国中等技能的劳动力就业(吕世斌 等,2015;李磊 等,2016)。另一方面,根据异质性企业贸易的核心结论,只有高生产率水平的企业才会选择对外直接投资行为(Helpman et al,2004),那么此类企业一旦"走出去"参与国际竞争,迫于竞争压力和企业内部"干中学"的发展本能,将着力推进技术革新和生产扩张,并对母国企业形成逆向技术溢出效应,进而带动与之匹配的高技术行业劳动力就业。而在此进程中,与高技术行业密切关联的计算机无法替代的劳动密集型、低技术行业就业也会随之增加。因此,通过对劳动力市场截然不同的节约效应和创造效应,对外直接投资加剧了不同技能结构的就业分层,进而导致不同层次技术行业的就业极化。

二,企业"走出去"动机的复杂化,使得基于技能偏向型技术进步和出口导向的扩大海外需求的传导机制对劳动力市场形成截然不同的影响效应,即不仅影响就业规模变化,也会深化就业结构的技能分层。无论是技术寻求型还是市场寻求型的对外直接投资,通过技能偏向型技术进步会提升母国企业的生产率水平和创新能力,并带动高技能劳动力的就业。与此同时,中低技术工序的转移外包和企业偏向高技术工序的发展,也会强化不同技能劳动力的就业极化。当然,以出口为目的的扩大海外需求的对外直接投资对劳动力市场的影响则相对复杂,一方面通过出口加工、商贸服务等环节的对外直接投资,会形成对母国就业的替代作用,尤其是对于更容易外包的中等技能劳动,进而加剧就业极化。另一方面,如果投资海外的生产环节需要从母国进口中间产品,抑或是按照要素的密集度将中间品生产分散到不同的国家,那么此时就会对母国劳动力就业形成互补效应,鉴于中国劳动力市场禀赋和国际分工现状,将更有利于促进中低技能劳动力就业。

1.3 研究方法和研究框架

1.3.1 研究方法

本书研究工作主要采用理论分析与实证研究相结合的方法,通过构建理论模型和计量检验,结合图表分析和比较分析等研究方法,系统阐述了在数字经济战略下,中国企业"走出去"对劳动力市场的影响。具体方法如下。

一,数据库匹配与处理方法。针对多个数据库处理可能存在的统计口径不一致和如何匹配等问题,本书重新梳理商务部境外投资企业(机构)名录中企业各年的投资行为,剔除掉重复的企业目录。同时对于中国工业企业数据库的处理主要包括:第一,删除遗漏重要财务指标(如企业总产值、固定资产净值、销售额和工业总产值)的样本;第二,删除雇员人数在 10 人以下的样本。此外,参照 Cai 和 Liu(2009)以及 Feenstra(2011)的研究方法,遵循一般公认会计准则(GAAP),本书还剔除了有以下情况的样本:流动资产超过固定资产的企业、总固定资产超过总资产的企业和固定资产净值超过总资产的企业。同时,也剔除了没有企业识别码、成立时间无效或不明确以及所属行业不明的企业。在此基础上,归并不同年份的行业分类差异,最后将两个数据库进行匹配,构造本书最终使用的样本数据。

二,基于反事实的倾向得分匹配方法(Propensity Score Matching,PSM)通过匹配实验组和控制组企业,为对外直接投资企业找到可供比较的最相近的非对外投资企业。考虑到本书无法观测对外投资企业还未对外投资时的情形,因此利用学术界通用的反事实方法,将对外直接投资企业视为实验组,将从未对外直接投资企业视为控制组(Hijzen et al,2007;Hijzen et al,2011)。

三,除了多元化的计量方法外,在本书中还利用图表分析,如就业的核密度分布图、对外直接投资分布及相关性系数图等,形象地描述了相关变量的变化趋势和相关性关系。而比较分析和对比研究方法的使用,则极大地丰富了本书的研究结论,并有助于对研究问题的理解。

1.3.2 研究框架

本书的主要内容共包括 8 章,其中第 1 章为绪论,主要阐述了研究背景和研究意义,界定了对外直接投资、就业极化等核心概念,并介绍了下文开展研究工作所涉及的研究方法和实证技术。通过本章的分析,我们明确了本书的研究方向和目标,提出了下文要重点解决的问题,即通过已有研究,理顺对外直接投资影响就业极化的理论机制,分别从省份、行业和企业层面实证检验了数字经济战略背景下企业"走出去"对劳动力市场的影响,并重点考察企业"走出去"对就业极化的影响。

第 2 章是企业"走出去"影响劳动力市场极化的理论分析。首先阐述了异质性视角下企业对外直接投资理论的研究进展。在回顾美国学者 Vernon(1966)的产品生命周期理论、日本学者 Kojima(1978)的边际产品扩张理论和英国学者 Dunning(1980)提出的国际生产折中理论等经典理论的基础上,细致考察了异质性企业假定下跨国企业对外直接投资的动因、区位选择和投资方式等问题。然后探讨了对外直接投资与母国就业的相关理论研究,在梳理美国、欧洲国家制造业和服务业对外直接投资对国内就业影响的基础上,分别探讨了 OECD 国家、中国和日本等对外直接投资的母国就业效应,并发现企业对外直接投资对母公司就业的影响是不确定的。对外直接投资对母公司就业的影响取决于东道国收入水平、行业选择以及投资动机。此外,对外直接投资后母公司对不同技能劳动力的需求也存在较大差异。最后,归纳了劳动力极化的相关研究,分别从技能偏向型技术进步和企业国际化解释劳动力市场的就业极化现象,发现已有研究大多集中在国际贸易和外包领域,通过出口行为、外包决策和目的国选择来分析其对劳动力市场劳动力极化的影响,但从对外直接投资角度诠释劳动力极化的文献极为少见。

第 3 章主要阐述了数字经济战略下中国企业"走出去"的机遇与挑战。随着信息与通信技术的发展,全球已经迈入数字经济时代,发展数字经济已经成为全球共识。目前,我国政府正在积极实施"网络强国"战略,在数字化转型的背景下,中国数字经济的总体规模不断扩大、国民经济占比逐年攀升;其基础部分增势稳定、结构优化,融合部分占比高、增速快。这表明以数据为关键要素的数字经济正在我国蓬勃发展,通过与经济社会各个领域的深度融合加速经济社会信息化、智能化转型,并借助"一带一路"倡议的提出,重塑中国企业"走出去"的结构。

第 4 章分析了数字经济战略下中国企业"走出去"与劳动力市场变迁。后危机时代以来,随着"走出去"战略深入推进,我国对外直接投资迅猛发展。与此同时,大量企业深度参与全球价值链,也导致我国劳动力市场内部技能结构和收入分布发生了深刻变革。通过对已有研究的梳理,证实我国对外直接投资具有积极的经济效应,尤其是对劳动力市场的影响多被学者们提及但又未能给出系统地回答。

第 5 章主要考察了中国企业"走出去"对就业极化的影响,并重点考察了对"一带一路"沿线国家(地区)投资的就业效应影响。本章从企业微观视角出发,基于企业层面数据实证研究了对外直接投资的母国就业效应。对于这一问题的探讨,学术界针对发达国家的研究较为成熟,但我国企业参与海外投资又有自身特点,且国内学者的研究多数还停留在宏观层面,其中定性研究较多,实证研究也多数从运用宏观层面数据从区域、省际或产业角度展开,鲜有研究从企业层面展开。因此,本章从微观企业视角出发,结合"一带一路"沿边沿海开放战略背景,重点考察沿边沿海省份企业对"一带一路"国家和地区投资的母国就业效应,为"一带一路"倡议的顺利开展和沿边沿海协调开放提出优化建议。此后,我们加入政府参与、外资参与和环境规制作为调节变量,考察制度因素对沿边、沿海企业对外投资母国就业效应的调节作用。制度因素会直接或间接影响企业海外投资行为,如政府参与度高可以缓解企业融资约束,降低海外投资风险,推进企业开展海外投资。而环境规制的提高则可以提高市场进入壁垒,刺激企业进行技术创新,鼓励企业"走出去"开展海外投资,并对母国就业产生影响。

第6章为中国企业"走出去"影响工资极化的实证分析。首先,将行业层面的对外直接投资数据匹配至微观个体层面,考察了我国对外直接投资对微观个体收入水平的影响。然后,进一步分年份和行业进行研究,发现我国对外直接投资对工资的提升作用越来越大,并且我国对外直接投资对于扩大性别工资差距的作用也在逐渐增强。同时,我国行业对外直接投资增加了本行业的工资收入水平,但却降低了关联行业的工资收入水平。

第7章实证检验了企业"走出去"、产业数字化升级与劳动力市场极化的关系。首先描述了高技术行业、中高技术行业、中低技术行业和低技术行业的就业核密度估计,分析了制造业企业就业极化现象的存在。然后,利用学术界通用的反事实思想,通过倍差法(Differences-in-Differences, DID)将对外直接投资企业视为实验组,将从未对外直接投资企业视为控制组,进行配对。接下来,基于配对的企业组合,检验了对外直接投资对高技术、中等技术和低技术企业就业的影响,并发现对外直接投资前后高技术和低技术企业就业促进作用大于中等技术企业,表明对外直接投资整体上加剧就业极化现象。最后,我们区分"一带一路"国家,高、低收入国家和不同所有制,进行了更为细致的实证检验,发现对外直接投资的就业极化效应在上述样本中存在显著差异。

第8章主要探讨了数字经济战略下中国企业高质量"走出去"与和谐劳动力市场培育。通过前文的理论分析和实证检验,我们对数字经济战略背景下,中国企业"走出去"对劳动力市场的理论机理和作用效果有了更为清晰的认识。基于此,我们得出了本书研究的核心结论,并提出了推动中国企业高质量"走出去",发挥对外直接投资积极劳动创造效应的政策启示。

为便于对研究思路和逻辑框架的理解,图1-5给出了本书主体部分的结构框架。

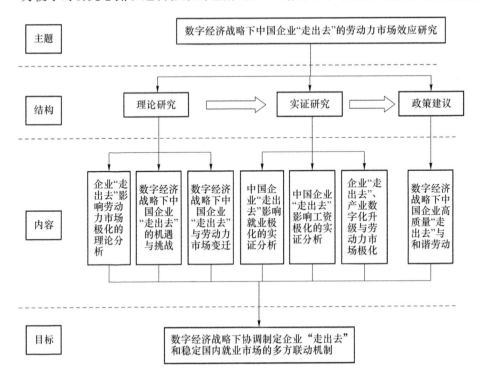

图1-5 本书主体部分的结构框架

第 2 章　企业"走出去"影响劳动力市场极化的理论分析

第 1 章全面阐述了中国数字经济发展的规模及结构、中国企业"走出去"的趋势特征和政策演进,并对相关概念进行了界定。在此基础上,进一步研究企业"走出去"影响劳动力市场极化的理论,并梳理相关理论研究的最新进展。

2.1　异质性视角下企业"走出去"的理论演进

自美国经济学家 Hymer(1960)在其博士论文《国内企业的国际化经营:对外直接投资的研究》中提出垄断优势理论开创了对外直接投资领域的研究以来,学者们对此进行了艰苦卓绝的探索。较具代表性的是美国学者 Vernon(1966)的产品生命周期理论、日本学者 Kojima(1978)的边际产品扩张理论和英国学者 Dunning(1980)提出的国际生产折中理论。产品生命周期理论首先基于美国对外直接投资的实证分析,将产品的生命周期划分为三个阶段,即新产品阶段、成熟产品阶段以及标准化产品阶段。该理论的核心思想是企业为了维持技术优势而不断创新,但新技术出现后很快会被模仿,随着技术的扩散和仿制品的增加,原来的技术将会消失最终变为标准生产的产物。而边际产品扩张理论则主要基于比较优势的思想,认为对外直接投资应该从本国已经处于或即将处于比较劣势的产业,即边际产业开始,并依次进行转移。Kojima(1978)关于对外直接投资研究领域的一个贡献在于他根据对外直接投资的动机差异将其分成了自然资源型、市场导向型和生产要素导向型三类,这对发展中国家对外直接投资的实践也具有较好的解释力。Dunning(1980)的国际生产折中理论(即著名的 OIL 范式),则从新的研究视角,发现一国企业对外直接投资的动机取决于其经济发展阶段和所拥有的所有权优势、内部化特定优势和区位特定优势,进而试图提出一个企业国际化经营方式选择的统一框架。

此后,随着 Melitz(2003)对异质性企业贸易理论的开创性研究,对外直接投资行为开始进入异质性企业框架的研究视野。尽管Melitz(2003)以Hopenhayn(1992)一般均衡框架下的垄断竞争动态产业模型为基础，扩展了Krugman(1979)的贸易模型，并首次引入了企业生产率差异的研究，并未明确提出研究企业对外直接投资的理论模型，但却为后来学者基于异质性的微观视角研究企业国际化问题提供了一个基础框架。基于此，Helpman等(2004)拓展了Melitz(2003)的模型，构建了一个多国多部门的一般均衡贸易模型，进一步分析了异质企业是通过出口还是FDI来开拓国际市场。该模型在引入企业异质性特征后，将同一产业内不同企业区分开来，从而决定哪些企业从事出口而哪些企业成为跨国公司或只在国内销售。同时假设国内市场和国际市场的固定成本不同，企业生产率水平也存在差异，从而使企业可以选择不同的贸易行为。基于邻近—集中机制的研究发现，生产率水平最高的企业会选择FDI或者出口，而生产率最低的企业则会被市场淘汰，生产率居中的企业则在国内市场销售。而Helpman等(2008)则在此基础上更加细致地分析了出口与FDI的选择问题。他们在企业异质性的假定下将FDI分为水平FDI和垂直FDI，并建立了一个分析跨国公司一体化战略选择的理论模型。该模型假定世界上只有三个国家，即两个同质的北方国家和一个异质的南方国家。研究表明生产效率最低的企业不从事FDI，它们在本国完成全部生产过程，然后将最终产品出口到其他北方国家和南方国家；生产效率居中的企业从事部分FDI，它们在南方国家生产中间投入品，然后进口到本国，并且组装为最终产品，最后再将最终产品销售到其他北方国家和南方国家；而生产效率最高的企业最有可能从事FDI，它们在南方国家生产中间投入品，并且在那里组装为最终产品，然后再出口北方国家。

接下来，Yeaple(2009)运用美国制造业企业的微观数据，除了进一步验证HMY理论外，还得出了生产率最高的企业在更多的国家设立子公司，且其规模也更大；东道国收入水平越高，市场规模越大，对跨国公司的吸引力就越大；而当东道国具有较强吸引力时，生产率较低的小企业也会去投资，从而拉低了直接投资企业的平均生产率水平。Ramondo等(2010)的研究将水平型FDI理论扩展到不确定环境下，分析国家层面的外部冲击对企业出口和投资决策的影响。Antràs和Yeaple(2014)则通过阐述跨国公司和国际贸易结构的关系，分析了跨国企业对外直接投资的动因、区位选择和投资方式等问题，即主要回答了三个问题：①为什么有的企业会跨越国界成为跨国企业？②什么因素决定了企业跨国生产的选址？③为什么企业要在海外直接投资建厂而不与本地生产商和经销商合作？而Fajgelbaum等(2011)进一步的研究则通过构建非位似偏好条件下存在质量和垄断竞争的多国模型，利用纯需求驱动的邻近—集中机制检验了企业对外直接投资决策和FDI的Linder假说。同样基于Helpman等

(2004)的研究,Zhang 等(2014)利用 OECD 国家的数据实证检验了金融结构、生产率水平对异质性企业对外投资风险的影响,并发现劳动生产率较高和银行成本较高的国家,或投资风险较小的目的地,会使用更多的债券投资方式而不是银行、金融投资。

2.2 企业"走出去"影响劳动力市场就业与工资的理论分析

2.2.1 企业"走出去"对劳动力市场就业的影响

1. 基于国别视角的研究

关于对外直接投资影响就业的理论与实证研究,主要围绕欧美发达国家展开。这主要源于欧美发达国家是国际直接投资的主体,但随着"制造业空心化"和失业率上升等严重问题的出现,跨国公司的产业转移对母国就业的影响引起了欧美发达国家的高度重视。基于此,我们首先梳理基于美国企业的研究。Kravis 和 Lipsey(1988)的早期研究探讨了美国制造业和服务业对外直接投资对国内就业的影响,发现制造业对外直接投资减少了母国的低技能劳动力就业,增加了母国的高技能劳动力就业,而服务业对外直接投资的"就业效应"不明显。对此,他们认为制造业企业能够根据利润最大化原则灵活选择要素价格最低的国家或地区生产,因而显著改变了母国的就业结构,而服务业企业不能根据要素价格分隔生产环节,因而没有显著改变母国的就业结构。Brainard 和 Riker(1997)利用 1983—1992 年美国跨国公司数据研究了企业生产转移对母公司就业的影响。他们发现企业生产的跨国转移总体替代了母公司就业,特别是对低收入国家的投资替代更加显著。Lipsey(1999)也利用美国对外直接投资数据研究发现国内"就业效应"并不明显。他认为美国对外直接投资减少了劳动密集型行业的就业,但增加了资本密集型和技能密集型行业的就业,因而总体"就业效应"并不明显。

Hanson 等(2003)利用美国 1989—1999 年的企业数据研究发现美国跨国公司的海外扩张并没有显著减少母公司在国内的就业。Harrison 和 McMillan(2006)利用美国的对外直接投资企业数据研究了企业海外生产方式与母公司就业问题。他们发现母公司的"就业效应"取决于企业对外投资结构。如果企业进行水平型直接投资则替代了母公司就业,而垂直型直接投资则促进了母公司就业。Desai 等(2009)利用美国1982—2004 年跨国制造业企业数据研究发现,美国企业的海外子公司就业每增加

10%就引致母公司3.7%的就业增长。因此,他们认为美国企业的海外投资并没有减少国内就业。总之,从美国数据来看对外直接投资对母公司就业的影响取决于企业对外投资结构(垂直型还是水平型)和企业所属行业(制造业还是服务业)。从具体影响来看,对劳动力密集型行业往往是替代的,而对资本密集型和技能密集型行业则是促进的。

除此之外,跨国企业生产转移对母国就业的影响也引起了欧洲国家的高度关注。Blomstrom等(1997)利用瑞典的跨国公司数据研究了对外直接投资与母公司国内就业的关系。他们发现瑞典企业投资美国和欧洲的高收入国家显著促进了母公司就业增长,特别是蓝领工人就业增长更快。他们还发现小型瑞典企业投资低收入发展中国家也促进了母公司白领职员的就业增长。Braconier和Ekholm(2000)也利用瑞典跨国企业数据研究发现企业在高收入国家投资替代了母公司就业,但在低收入国家投资替代效应不显著。Konings和Murphy(2001)利用欧洲1 000家跨国公司数据研究了企业海外生产与母国就业问题。他们发现如果企业投资北欧国家则替代了母国就业,如果投资工资更低的中、东欧国家则替代效应不复存在。此外,他们还发现非制造业的对外直接投资没有显著替代母国就业。Castellani和Navaretti(2004)研究了意大利企业海外投资对母国的影响。他利用反事实方法研究发现,意大利企业的海外投资对母公司的就业有显著促进作用。

Becker等(2005)利用德国和瑞典的对外直接投资数据研究了母公司的就业效应。他们发现两国企业对外直接投资都显著替代了母公司就业,其中投资西欧发达国家的替代效应最明显。Navaretti等(2006)利用意大利和法国的企业数据研究了企业对外直接投资对母公司的影响。他们发现两国企业不管投资发达国家还是发展中国家都对母公司就业有显著促进作用。Kleinert和Toubal(2007)利用德国的跨国企业数据研究发现德国企业的对外直接投资对母公司就业没有显著替代作用。Elia等(2007)利用1996—2002年的意大利企业数据研究发现意大利企业投资低工资国家显著减少了母公司低技能劳动力就业,而投资高收入国家没有增加母公司高技能劳动力需求。Hijzen等(2011)利用法国1987—1999年的企业数据研究了法国企业对外直接投资的就业效应。他们发现法国企业对外投资的就业效应取决于企业投资动机和具体行业。如果企业是市场需求型投资动机,则显著促进了母公司就业;如果是要素寻求型投资,则对母公司就业影响不显著。同时,他们还发现服务业企业的对外直接投资显著促进了母公司就业。总之,从欧洲国家企业的实证检验来看,企业对外直接投资对母公司就业的影响取决于东道国收入水平、对外投资行业及投资动机。

从其他国家和地区来看,Molnar等(2007)利用OECD国家的对外直接投资数据研究了母国就业效应。他们发现母国就业效应在不同行业和东道国存在较大差异。如果是制造业行业,则导致母国就业岗位转移到劳动力成本较低的东道国;如果东道国是美国,则促进了母国就业的增长;如果东道国是日本和中国,则替代了母国就业,其中对中国的投资替代效应更加明显。Hijzen 等(2007)利用日本 1995—2002 年的企业对外直接投资数据研究了日本企业对外直接投资对母公司的影响。他们发现日本企业的对外直接投资显著促进了母公司就业增长。总之,从上述文献回顾来看企业对外直接投资对母公司就业的影响是不确定的。具体而言,对外直接投资对母公司就业的影响取决于东道国收入水平、行业选择以及投资动机。此外,对外直接投资后母公司对不同技能劳动力的需求也存在较大差异。

2. 基于投资和就业结构视角的研究

首先,从投资行业分布来看,学者们探讨了制造业和服务业对外直接投资对就业影响的差异性。Kravis 和 Lipsey(1988)研究发现服务业和制造业对外投资就业效应不同,制造业对外直接投资往往减少了国内低技能劳动力的就业机会,增加了高技能劳动力就业,而服务业对外直接投资的"就业效应"不明显。原因是相对于服务业,制造业最终产品或中间品易于进行全球贸易,因此企业可以根据利润最大化原则选择要素价格最低的国家或地区安排生产。而 Harrison 等(2006)利用 1977—1999 年美国制造业和服务业跨国公司数据,研究对外直接投资对母国就业的影响。结果显示,服务业跨国公司的母公司、其位于发达国家和发展中国家的子公司的就业均增长。此外,Imbriani 等(2011)利用意大利企业数据进行研究,结果显示,制造业企业对外投资对母国就业影响并不明显,但服务企业的海外投资对就业具有替代作用。国内学者罗丽英和黄娜(2008)利用中国 1985—2006 年的数据研究发现,中国企业对外直接投资的增长可以带动国内就业增长,但对外直接投资对于我国第二、第三产业就业具有互补作用,对第一产业就业具有替代作用。王碧珺(2013)通过研究具有代表性的 1 500 多家中国对外投资企业信息,分析得出采矿业和制造业是我国对外直接投资的主要行业,2003—2011 年二者合计占比达到 75%,并且在投资份额上,采矿业占 52%,制造业占 23%。

其次,从投资结构来看,对外直接投资按投资结构可分为垂直型和水平型。Hansson(2005)研究了 20 世纪 90 年代瑞士制造业跨国垂直型和水平型对外直接投资对母公司的影响。结果发现,向非欧盟国家进行垂直投资时,子公司就业人数的增加会提高母公司高技能人员的就业;而对欧盟国家水平投资时,子公司则不具有这种作用。Harrison 和 McMillan(2006)利用美国的对外直接投资企业数据研究了企业海外生产方式与母公司就业问题。他们发现,如果企业进行水平型直接投资则替代了母公司就业,而垂直型直接投资则促进了母公司就业。与之研究结论相反,Zapkau等(2014)利用1 079家德国中小型企业数据研究发现,水平型对外直接投资对国内就业有积极影响,而垂直型对外直接投资对国内就业有消极影响。Hayakawaa(2013)利用日本公司数据,分别从对外直接投资结构和对外投资活动对公司生产性活动、非生产性活动产生的影响两个维度研究对外直接投资对母公司的影响。发现水平型对外直接投资增加了非生产性活动劳动力的需求,而垂直型对外直接投资增加了高技能劳动力的需求。

再次,从投资的制度影响因素来看,一国的对外直接投资行为根植于母国的制度环境中,受到母国正式和非正式制度的影响。近年来,学者从制度角度研究企业对外投资行为,普遍认为经济体的制度质量越高,则越能促进企业的对外投资行为(Mishra et al,2007)。他们通过搜集部分OECD国家1991—2001年的对外直接投资面板数据,将制度因素分为政府稳定程度、官僚主义以及法律三大层面,采用两阶段最小二乘法进行回归分析,认为好的母国制度有利于促进该国对外直接投资。Peng等(2008)基于产业基础和资源基础的视角,发现个人微观层面上的非正式关联,对企业层面上的正式组织间策略有显著影响,并且该网络关系能对企业的海外投资决策造成影响。Yamakawa等(2008)从产业、资源以及制度层面研究了企业的对外直接投资行为,认为歧视性偏好、合法性等一系列制度环境会促进新兴经济体的企业向发达国家进行对外投资。杨恺钧和胡树丽(2013)以邓宁(Dunning)的IDP理论为基础,将制度因素纳入其分析框架,研究发现,经济发展水平、外资流入量和政府政策的支持和鼓励对新兴市场国家的对外直接投资有显著影响。关于我国对外投资的研究文献中不乏从制度角度展开的,其中较为权威的是Buckley等(2007)的文献,他们使用了1984—2001年中国对49个东道国的对外直接投资数据,采用混合最小二乘法及随机效应模型的计量方法,着重分析政策自由化层面的制度因素,发现较高的制度质量能够显著促进中国的对外直接投资。

随后,中国学者阎大颖等(2009)在对传统国际折中理论拓展的基础上,结合中国经济转型期制度环境构建中国企业对外直接投资理论框架。利用2006—2007年中国企业对外直接投资微观数据,对中国企业对外直接投资多因素进行实证分析。结果显示,政府政策扶持、海外关系资源和企业融资能力对企业对外投资动机和能力有重要影响。具体为政府政策扶持对资源和技术类对外直接投资影响更为重要,海外关系资源对对外直接投资影响意义更大,而融资能力对企业对外投资影响作用最强。陈岩等(2012)、边笑(2011)从制度视角验证了政府的政策支持和保护对中国企业ODI具有非常显著的促进作用。龚静(2014)利用2003—2011年省级面板数据实证分析制度因素与对外投资间关系时发现,母国制度因素正向影响我国对外投资,其中政府资源配置能力比企业国有化程度促进作用更强。但同时还发现,制度因素的促进作用受区域异质性影响,东部最强,西部次之,中部最弱。林治洪等(2013)研究发现政府参与、外资参与、企业所属关系和地区市场化程度等制度因素对国际化速度对绩效影响具有调节作用。具体为,在未考虑地区市场化程度时,政府参与和外资参与具有正向调节作用,而加入地区市场化程度变量后,地区市场化程度削弱了政府参与对企业绩效的调剂作用,对外资参与和企业绩效关系调剂不显著。

最后,从就业结构来看,不同地区对外直接投资对就业结构的影响具有较大差异。Blomstrom(1997)等的研究发现,瑞士跨国公司对外直接投资目的地主要是美国、欧洲等经济发达地区,增加了母国企业就业,特别是蓝领工人就业。而对发展中国家投资,则增加了白领工人的就业,不过这种效应随着时间的推移逐渐减弱。Head和Ries(2002)利用日本1 070家企业的面板数据,研究对外直接投资对母国就业结构的影响。他们发现,投资低收入国家,不仅优化母国就业结构,即非生产性劳动者就业比例增加,还提高工资水平;而对高收入国家投资这种影响逐渐降低。Elia等(2009)研究英国企业对外直接投资活动对母国整体就业量和就业结构的影响。实证结果显示,1996—2002年,企业对外直接投资减少母国企业工业区对低技能工人的需求。同时,企业对发达国家投资减少了对高技能工人的需求,这与Driffield等(2009)的研究结论相似。

2.2.2 企业"走出去"对劳动力市场工资的影响

对外直接投资的收入分配效应一直是国际经济学的重要命题之一,近些年来随着我国对外直接投资的快速发展,这一命题备受国内外学者们的关注。关于对外直接投资对工资收入影响的相关理论研究主要有Feensta和Hanson的外包理论以及Antras等的企业内生边界理论。Feensta和Hanson(2000)的外包理论对对外直接投资同工资收入的关系进行了详细的阐述,当考虑到资本可以在全球范围内流动时,资本会由资本充裕国家流向资本非充裕的国家,资本由发达国家向发展中国家流动,资本的流入增加发展中国家生产的产品种类,发达国家通过国际贸易从发展中国家进口这些产品。这些产品在发达国家属于低技能密集型产品,但在发展中国家是属于高技能密集型产品,因此对于发展中国家来说,这增加了对高技能工人的需求,有利于高技能工人工资水平的提高,扩大了发展中国家的技能工资差距。发达国家通过对外直接投资将释放出的国内生产资源主要集中用于生产其高技能密集型的产品,这增加了发达国家对于高技能工人的需求,有助于其高技能工人工资的提高,从而发达国家对外直接投资也加剧了发达国家自身的技能工资差距。这一理论很好地解释了自20世纪80年代以来观察到的发达国家和发展中国家的技能工资差距都持续扩大的现象,并且这一现象是H-O模型所无法解释的。此外由Antras(2003)提出的企业内生边界理论也涉及了对外直接投资同工资收入水平的关系。根据Antras(2003,2005)、Antras和Helpman(2004)、Grossman和Helpman(2005)的异质性企业内生边界理论,跨国公司通过在全球范围内重新组合生产流程,把各个生产工序分布到具有生产优势的世界各个地区,这提高了劳动富裕国家的工人工资,而降低了资本富裕国家的工人工资,这有助于劳动富裕国家收入差距的缩小,但却扩大了资本富裕国家的收入差距。

现有关于对外直接投资对母国工资水平影响的实证文献中,大多从生产率效应、租金共享效应等机制分析了对外直接投资对工资收入的影响。一方面对外直接投资具有逆向的生产率效应,对外直接投资能够更多地接触到国外先进的生产技术和管理经验,通过学习国外先进的技术和管理经验能够提高母国生产率水平,从而也提高了母国员工的工资水平;另一方面企业对外直接投资会充分利用巨大的国外市场规模,实现生产的规模经济,企业的盈利水平得到提升,企业通过租金共享促进了母国员工工资水平的提升。Bigsten等(2012)利用13个国家的企业数据,研究发现企业对外直接投资有利于其工资水平的提升。Hitoshi等(2012)利用日本工资结构调查数据,也得出了相同的结论。但也有学者认为对外直接投资对工资水平的影响同东道国的收入发展水平有关。Cuyvers等(2011)利用比利时跨国公司的数据,研究发现投资于高收入水平国家,会显著地促进母国的工资水平;而投资于低收入水平国家,对外直接投资对母国工资水平的影响并不显著。不仅如此,还有许多学者进一步深入研究了对外直接投资对工资差距的影响。Hijzen等(2007)采用发达国家行业层面数据研究发现发达国家劳动密集型行业的对外直接投资会拉大母国的工资差距。Hitoshi等(2012)利用日本跨国公司的数据研究发现企业对外直接投资有利于技能工人工资的增加,而不利于非技能工人工资的增加,因此企业对外直接投资扩大了技能工资差距。Nilsson等(2014)利用瑞典跨国公司的数据发现对外直接投资于高收入国家会拉大母国的工资收入差距。从以上的分析中我们可以看出,国外关于对外直接投资的母国工资效应的研究大多都是针对发达国家的,以发展中国家的对外直接投资为研究对象的相关研究还较少。目前国内关于我国对外直接投资对工资收入的影响也较少。其中毛其淋和许家云(2014a)将《境外投资企业名录》同工业企业数据库进行了匹配,采用倾向得分的倍差法研究了我国企业对外直接投资对企业员工工资报酬的影响,研究发现企业对外直接投资显著提高了企业的平均工资水平,并且也显著扩大了企业的技能工资差距。袁其刚等(2015)利用中国对外直接投资的工业企业数据考察对外直接投资对工资水平的影响和作用机制,研究发现我国企业对外直接投资通过生产率效应、租金共享效应和海外子公司的工资水平溢出效应促进了我国企业工资水平的提升。戚建梅和王明益(2017)也将《境外投资企业名录》同工业企业数据库进行了匹配,考察了对外直接投资对母国企业间工资差距的影响,研究发现对外直接投资对我国企业间的工资差距的影响具有一年的滞后期,三年后对外直接投资对企业间工资差距的影响显著增强,五年后企业间工资差距仍在扩大,但扩大的速度明显减弱。

2.3 劳动力市场极化现象的理论解释

关于劳动力市场极化现象的解释,目前主流的观点主要从如下两方面展开:一是技能偏向型技术进步;二是企业国际化。对于前者主要认为技能偏向型技术进步替代了传统流程化和可编码的工作,如制造业和零售业等行业的工作,导致这些中等技能行业的就业和工资份额下降(Autor et al,2003;Goos et al,2009)。此后的研究则从理论方面和实证方面分别展开,Acemoglu 和 Autor(2010)建立了一个基于任务(Task)的劳动力市场极化模型,并假设有三类劳动力(高技能、中等技能和低技能)分别从事不同技能的工作,但高技能偏向型技术进步降低了中等技能行业对中等技能劳动的需求,提高了对高技能劳动的需求。失业的中等技能劳动只能向高技能工作和低技能工作转移,但由于其达不到高技能工作所需的技术门槛,所以只能转向从事低技能工作,由此便导致劳动力市场的就业极化。

对此,相关的实证研究则相对丰富,Jaimovich 和 Siu(2013)的工作发现,就业极化表现出周期性特征,经济下行时期技能偏向型技术进步促进就业极化的现象更为集中,所以当经济复苏时,中等技能劳动所从事的工作岗位并没有随经济复苏而复苏。Autor 和 Dorn(2012)的研究则基于技能偏向型技术进步视角分析了美国的劳动力市场极化。研究发现,以人均计算机拥有率衡量的技能偏向型技术进步降低了中等技能劳动力的就业份额,以外包可能性指数作为外包指标也证实外包加剧了劳动力市场极化。Michaels 等(2010)基于 1980—2004 年美国、日本和 9 个欧洲国家的样本数据,研究发现技能偏向型技术进步是劳动力市场极化的主要影响因素,能够解释高技能劳动需求增长的 1/4,而国际贸易在控制了技能偏向型技术进步后对劳动力市场极化的影响不显著。Charles 等(2013)实证检验了美国 2000 年以来的制造业萎缩、房地产业兴起对就业的影响,研究发现制造业萎缩增加了美国的失业,而房地产业的兴起则增加了就业,二者叠加导致了美国劳动力市场极化。

另一类研究则从企业国际化视角切入,分别从国际贸易和外包视角对劳动力市场极化现象展开解释,但相关研究才刚刚起步。传统 H-O 理论诠释了发达国家与发展中国家开展贸易将提高发达国家高技能劳动的相对工资,由于高技能劳动的收入较高,会增加低技能劳动的需求,从而导致了劳动力市场极化,这也得到了相关研究的支持(Manning,2004;Mazzolari et al,2013;Acemoglu et al,2010)。而 Autor 等(2012)基于中美的贸易现实,也证实了中国对美出口会显著降低美国制造业的就业和工资,并加剧了劳动力市场极化。Bloom 等(2011)利用中国与欧盟的贸易数据,发现中国对欧盟出口也有类似作用。

除此之外,相关学者还研究了外包对劳动力市场极化的影响。其影响机制包括:一,外包将发达国家中等技能劳动从事的工作(如制造业)转移到国外,从而直接减少了对发达国家中等技能劳动的需求;二,外包通过影响技能偏向型技术进步间接影响劳动力市场极化。对于第一个影响机制,Oldenski(2012)实证研究发现,得到工作更容易外包,且会降低发达国家中等技能就业和工资份额。Oldenski(2012)利用美国2002—2008 年的劳动力市场就业数据,证实了上述论断。但 Autor 和 Dorn(2012)的研究则发现外包对劳动力市场极化效应不明显。对于第二个影响机制,Ottaviano 等(2013)利用美国 2002—2007 年劳动力市场数据,实证检验了外包和移民对美国就业的影响,发现外包显著地降低了对中等技能劳动的需求,且由于外包提高了企业的生产率和企业规模进而提高了对高技能劳动的需求,从而强化了劳动力市场就业的极化效应。

对于劳动力市场极化的现象,学者们不仅从就业极化的角度进行讨论,也越来越多地关注工资极化,如 Acemoglu 和 Autor(2011)、Firpo 等(2014)发现伴随美国劳动力市场的就业极化,工资极化的现象也开始出现,即高收入群体和低收入群体的工资增长比中间群体更快。Kroeger(2013)基于美国 1990 年、2000 年和 2011 年 128 个制造业和服务业数据,研究发现服务外包和制造业外包会拉大高技能劳动力和中等技能劳动力的工资差距,且制造业外包影响更大,从而将极化效应的研究拓展到工资差距领域。对于发达国家工资极化现象的解释,学者们却出现了较大差异:利用行业层面的数据,Michaels 等(2013)发现有偏向的技能进步是导致 OECD 国家工资极化的重要原因,但 Naticchioni 等(2014)发现技术进步对工资极化的影响微弱,工资极化的主要原因在于劳动力市场结构调整。同时,他们还发现教育对工资极化没有显著影响,这一结论与 2011 年 OECD 发布的研究报告相一致,但与 Acemoglu 和 Autor(2011)

对美国的研究却存在明显的差异。与上述研究不同,国内学者更多关注就业极化的测算和成因分析,而对于工资极化的关注度较低。对于工资结构的研究更多的是从技能溢价的角度分析高技能、低技能劳动者之间的工资差距,对于不同技能劳动者的工资结构变化有待进一步研究。例如,都阳等(2017)用中国企业—员工匹配调查(CEES)数据和中国城市劳动力调查(CULS)数据对中国城市劳动力的工作任务分布进行描绘,研究发现,当前还不能确定中国是否出现就业极化。郝楠(2016)利用1978年以来中国劳动力就业和工资的宏观数据分析了就业极化的变化趋势,研究发现,20世纪90年代后,中国劳动力市场出现了极化。

2.4 小 结

通过上述分析发现,尽管已有文献为我们进一步的研究提供了有益的借鉴,但相关工作才刚刚起步,目前至少仍存在如下缺憾:一,关于就业极化问题的理论研究仍相对欠缺,为数不多的工作(如 Acemoglu 和 Autor,2010)主要从技术进步视角进行解释,基于企业异质性假定下对外开放视角的理论解释并不多见。二,已有基于对外开放视角的实证研究大多集中在国际贸易和外包领域,通过出口行为、外包决策和目的国选择来分析其劳动力市场就业极化的影响,但从企业"走出去"对外直接投资视角诠释劳动力极化的文献极为少见。三,即便现有研究关注到对外直接投资对母国就业的影响,但仅限于对就业创造效应和就业替代效应的考察,对就业极化效应并未给予足够关注,且多为欧美发达国家的经验研究,从发展中国家出发开展的研究,尤其是针对中国的研究并不多见(国内学者陆铭等(2012)作了尝试性研究)。四,现有研究并没有考虑到不同投资目的地国的影响差异,尤其是随着"一带一路"倡议的顺利推进,对于是否"一带一路"国家和高、低收入国家的区分,显得很有必要。与此同时,现有研究对于企业特征的关注也略显不足,考虑到中国早期国有企业对外直接投资的特殊使命,区分所有制等企业异质性的考察也十分必要。

第3章　数字经济战略下中国企业"走出去"的机遇与挑战

加入WTO以来,伴随着我国融入全球化进程的加快,我国企业"走出去"逐步提速,并取得令人瞩目的成绩。尤其是近年来基于互联网与传统产业深度融合的数字经济蓬勃兴起,带动了相关企业加速"走出去",并成为拉动我国经济增长的重要引擎和产业转型升级的重大突破口。因此,在数字经济已经上升为国家战略的背景下,如何理性看待新时期中国企业"走出去"面临的机遇与挑战,对于着力推进中国企业高质量"走出去"和构建开放型经济新体制具有重要意义。

3.1 数字经济战略与中国企业"走出去"的新机遇

3.1.1 数字经济发展开辟了"数字丝绸之路"

中国企业在"走出去"过程中借助数字经济平台,利用人工智能、大数据、云计算等新技术,增加自身的科技含量,打造数字化的供应链管理系统,提供高端的研发技术和高质量的服务标准,为实体经济"走出去"提供了数字化的技术支撑。以中远物流为例,在"走出去"进程中,中远物流数据中心借助国内数字经济发展,建立物流网络支撑平台服务企业全球化资源布局,极大地加快了企业"走出去"的步伐。尤其是,在数字经济的技术支撑下,中国企业与"一带一路"沿线国家在数字经济、人工智能和纳米技术等前沿领域合作,推动大数据、云计算和智慧城市建设的发展,逐步形成21世纪的"数字丝绸之路",并由2017年5月习近平主席在"一带一路"国际合作高峰论坛中正式提出。一方面,这将为我国企业"走出去"提供数字基础设施、技术创新、数字化人才保障,同时也会进一步推动中国企业更好地"走出去"。另一方面,有利于减少企业"走出去"的政治风险,整合沿线国家现有资源,提升中国推动落实"一带一路"倡议的能力。以我国数字文化产业"走出去"为例,此前中国文化产业"走出去"多面临版权保护不力、市场制度不完善等负面影响,但近年来随着数字技术的使用,中国文化产品版权保护得到较大发展,影视、手机游戏、音乐、文学和动漫等文化内容产业正蓬勃发展,并不断走向海外。因此,应依托"数字丝绸之路"的发展契机,积极推动数字文化产业"走出去",加大与国外知识产权企业合作,积极形成全球布局。

3.1.2 数字经济发展丰富了企业"走出去"的动机

数字经济发展为中国企业"走出去"增添了新的动力,一方面,在数字化浪潮推动下,数字经济发展为民营企业"走出去"创造了新的机会。我国的民营企业与国有企业相比,具有组织灵活、经营富有弹性、适应能力强等特点,但市场开拓能力不强、融资困难、技术创新能力不足等也会形成制约因素。在传统"走出去"阶段,民营企业在资金、技术、经营管理和人才等方面形成压力,加之又缺乏相应的海外信息资源,使得民营企业"走出去"多半以失败而告终。随着数字经济的发展,民营企业的灵活性和适应能力强等优势使其面对"数字革命"时能快速借助数字化实现自身技术创新,获得大量融资途径,并且在产业结构上可以快速转型升级,紧跟技术潮流并实现全球资源配置。尤其是随着我国对赴海外投资国有企业审核进一步加强,机制灵活的民营企业投资额将有望超过国企,成为"走出去"的主要力量。另一方面,随着"一带一路"沿线国家基础设施的逐渐完善,加之信息化网络化的迅速发展,中国企业也开始加快对"一带一路"的投资步伐(如图 3-1 所示),日渐成为对科技、服务、资本等领域投资的新力量。随着国家对赴海外投资的国有企业审核进一步加强,机制灵活的民营企业投资额将有望赶超国企,成为"走出去"的主要力量。

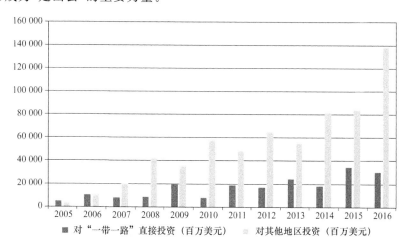

图 3-1 我国对"一带一路"沿线国家直接投资的占比情况

注:作者根据《2017 年度中国对外直接投资统计公报》计算而得。

3.1.3 数字经济发展丰富了企业"走出去"的商业模式

数字经济的蓬勃发展给我国企业"走出去"的产业结构带来深刻变革,并将重塑企业的商业模式。一方面,随着"互联网+"的深入推进,传统制造业借助网络技术建构虚拟生产线、无人车间和虚拟工厂等,实现企业数字化"走出去"。尤其是,随着我国企业"走出去"在全球价值链不断攀升,高端生产和智能制造等开始成为"走出去"的新热点;线上线下的融合发展重塑了商业模式,也为"走出去"创造了大量新业态。另一方面,数字经济与产业融合协同推进,促进"走出去"产业结构转型升级。以共享经济、O2O和电子商务等为代表的新商业模式异军突起,特别是共享经济席卷全球,成为数字经济发展的最大亮点。截止到2016年我国共享经济实现市场交易额3.45万亿元,同比增长103%。

随着国内共享经济市场规模迅速增长,部分行业趋向饱和,以共享单车、共享充电宝、共享房屋为代表的垂直领域开始"走出去"布局海外(如表3-1所示)。例如,中国国际图书贸易集团公司与阳光捷通(北京)贸易服务有限公司开展"共享仓"战略合作,着力推动中国企业在"一带一路"沿线国家展示、仓储、服务机构的资源整合、协同共享,直接完成中国文化产品从仓储、运输到海外派送至消费者的一站式服务。这些都是共享经济"走出去"的成功案例,运用互联网思维打通线上与线下,引导过剩闲置资源的拥有方以最便捷的方式、最便宜的成本为共享经济提供物质基础;依托共享经济平台的迭代升级充分交换信息和需求,使过剩闲置资源进行迅速传导与开放对接,实现剩余资源的共享和增值。上述基于数字经济平台的新商业模式,不仅打通线上与线下,优化了"走出去"产业结构,也革新了传统"走出去"的模式和渠道。

表3-1 共享经济"走出去"的代表性案例

名称	类别	目的地区	如何"走出去"	金额
ofo	共享单车	新加坡、美国等	ofo小黄车已经与全球领先的电子支付平台Adyen建立了战略合作关系,海外用户可以通过该平台进行顺畅支付,拥有全球统一化的支付平台更利于ofo"走出去"	7亿美元
摩拜	共享单车	新加坡、英国、日本等	摩拜对单车本身进行创新升级,包含定位技术和物联网芯片的智能锁,使摩拜单车公司能够建立骑行大数据,并通过与电信运营商合作,服务于城市交通管理,推动摩拜成功对外投资	6亿美元

续 表

名称	类别	目的地区	如何"走出去"	金额
OurBike	共享单车	东南亚	OurBike主打封闭场景。在支付方式上,采用收取现金的模式,利用现金储值的方式在印尼推广共享单车,在具体操作上,雇佣专门的运营人员在投放现场对共享单车进行管理、维修和费用收取	300万元
Migo	共享电单车	印度尼西亚	Migo通过结合当地企业文化以及社会环境,从已有品牌形成的国际化定位、策略、运营模式中分析优劣,以差异化为突破口,进行形象定位,帮助其成为行业领先的互联网品牌	—
来电科技	共享充电宝	泰国、日本、美国等	来电科技已经在大场景中占据了明显渠道优势,将采取全场景策略,抢占小场景的制高点,实现全场景全覆盖。另外,来电科技还注重知识产权保护,坚持维护专利权	2 000万美元
Airbnb	共享房屋	欧洲、东南亚、日本、中国等	在网络信任方面,创建验证身份功能,添加实名认证,另外通过社交网络P2P点赞、评估建立旅行者与屋主的信任网络。在支付方面,根据不同国家的情况提供多种支付方式	10亿美元
Eatwith	共享餐饮	西班牙、美国、法国等	Eatwith是一个私厨美食共享的O2O社交平台。Eatwith用强大的功能征服客户,利用大数据贴标签,为客户推送广告邮件,吸引更多的主厨和烹饪爱好者	800万美元

注:作者根据相关资料整理。

3.1.4 数字经济发展形成了企业"走出去"的技术支撑

数字经济不是传统行业与互联网基础设施的简单结合,它蕴藏着大量的创新机会。中国企业在"走出去"过程中借助数字经济平台,利用人工智能、大数据、云计算等方面的技术,将线上线下有机结合,为实体经济"走出去"提供了数字化的技术支撑。目前来看,虚拟现实、人工智能、区块链等新技术正在逐渐成为热点,借助数字技术,增加自身的科技含量,打造数字化的供应链管理系统,提供高端的研发技术和高质量的服务标准,增强我国企业"走出去"的国际竞争力。例如在物流行业的企业"走出去"中,跨国供应链管理和多式联运是目前最大的困境,其基础就是信息化技术和互联网运用能力。以中远物流为例,中远集团正在积极实践"走出去",进行海外投资。目前,中远物流数据中心已采用了较高的带宽在国内建立了比较完善的专网,但全球性业务对国外数据通信的网络压力依然不小。如果国内的网络通信企业"走出去",通过建立我国自己的网络支撑平台,利用互联网技术为走出国门的中国企业提供技术支持,既能保障安全、降低成本,又能实现畅通和高质量的数据服务,将会极大地促进中国企业的国际化发展。

3.2　数字经济战略与中国企业"走出去"的新挑战

3.2.1　"合规性"法律风险

在东道国保护主义、国际服务机构水平普遍偏低的不利状况下,中国企业"走出去"的法律意识淡薄,不注重信息的监管以及相关法律政策,未能树立正确的投资观念,轻视尽职调查,对国际商务环境不熟悉等问题突显。中国企业"走出去"面临各种法律法规隐忧,"走出去"的企业法律法规体系不完善,缺乏统一性的法律服务平台和法律咨询机构,缺少国际化法律服务人才,企业对外投资的司法保护尚不健全以及法律风险防范意识不足、能力欠缺。从政府部门来看,有关部门没能出台和落实好企业"走出去"的配套政策和风险防范措施,海外投资法律体系不健全,存在规范盲区。这明显与我国已成为世界第二大投资国的地位极不相称,同时也不能适应我国企业进一步"走出去"的需要。从律所、行业协会方面看,我国在对外投资的过程中还缺少有关法律法规的国际化团队以及相关专业委员会,致使对外法的服务能力不足。另外,"一带一路"沿线国家的法律体系不健全会加剧我国的投资风险。主要表现在"一带一路"沿线国家大多是发展中国家,主要集中在亚洲和非洲。这些国家大多数法律体系不够成熟和完善,没有形成较高的社会责任标准,法律在实际中的执行力也比较差,这将导致政策的变动性加大,也会增大企业"走出去"的投资风险。

3.2.2　海外金融风险

对于企业"走出去"的海外金融风险,一方面是因为许多国家的金融体系并不完善,尤其是"一带一路"沿线和非洲国家,金融体系较为脆弱,不良贷款占比较高,汇率波动大,加之各国的社会及经济体制差异较大,许多国家正处于经济结构转型的关键时期,经济制度尚不健全,贸易保护严重。如中亚的哈萨克斯坦、乌兹别克斯坦就对进出口贸易进行了严格的限制,仅仅审批程序就需要十多个文件,完成直接投资的各项审批就需要耗费数月甚至更长的时间,而且出于不同的政治、经济等目的,许多国家将中国视为贸易竞争对手,经常性地对中国发起反倾销、反补贴调查,这从根本上抑制了中国的直接投资。有数据显示,印度是"一带一路"沿线国家中对中国进行反倾销诉讼最频繁的国家,2000—2016年,印度对中国的反倾销、反补贴诉讼均呈现高速增长态势,平均增长速度为12.5%。在此影响下,中国对印度的直接投资额也在逐渐减少。另外,汇率风险也时时存在,汇率风险加剧了在"一带一路"沿线、非洲等国家投资的风险,已成为我国企业"走出去"时刻关注的问题。另一方面,来自东道国的市场风险。例如,"一带一路"框架下多是利用沿线国家的能源资源开展的基础设施项目,这些基础设施项目具有投入资本大、回收周期长、地缘政治风险大、不确定性因素多等特点,需要认真评估建成后发挥的应有作用,切忌盲目与冲动。

3.2.3 文化冲突

"一带一路"倡议提出以来,随着相关国家不断加入,沿线国家众多和地理跨度较大所形成的文化差异明显,导致中国企业"走出去"进程中会遇到较多的文化融合问题。尤其是,对"一带一路"沿线国家的投资,由于不同的价值观念、商业文化、行为方式、风俗习惯、民族特色等,这些文化上的冲突会给我国企业"走出去"带来一定的投资风险。随着全球价值链分工的深入推进,中国企业如果不了解投资国的市场、法律、技术水平、投资状况等,将会受到严重的阻碍和挑战。加之中国企业在"走出去"的过程中,通常遇到文化和语言上的障碍以及文化差异所导致的文化认同障碍和东道国文化环境障碍,这都会决定我国企业海外投资能否顺利进行。我国大部分企业缺乏跨文化管理理念和实践,致使中国企业"走出去"遇到的文化融合难问题日益凸显。这种由文化差异引起的文化融合困难已经成为中国企业"走出去"面临的一种现实风险。再者我国企业在"走出去"之前对国别文化差异的研究相对不足,具体的有针对性的研究还十分薄弱,本土化经营困难。在上述不利情形下,中国企业很难与投资国进行很好的文化融合,这也会阻碍中国企业"走出去"。

3.2.4 投资壁垒及政策挑战

一方面,逆全球化下,海外投资风险显现,投资设置隐形壁垒。一是在投资安全方面。传统投资属于实业投资,需要前期做大量的市场调查,过程极为烦琐。在现实经济疲软的情况下,将不利于进行传统投资。另外在"互联网+"的新时代,跨境数据流动频繁,数据泄露时常发生,数据主权得不到保护。所以,保障信息系统安全,系统连续可靠运行,信息服务不中断就成为网络信息安全的重点。二是逆全球化背景下,贸易保护主义重新抬头,出现投资设置隐形壁垒、外资准入门槛高的现象。在"一带一路"倡议初期,沿线国家市场不成熟、数字化人才缺乏、金融服务体系不完善、高政治风险都将会是设置隐形壁垒的原因。这些方面的投资安全性风险都会阻碍中国企业"走出去",对我国企业海外投资带来很大程度的挑战。另外,"一带一路"沿线国家大多数都是发展中国家,其中许多国家都处于政治冲突的频繁发生地,政权更迭、民族冲突、恐怖主义充斥其中。比如,越南、柬埔寨、缅甸等东南亚国家存在很大的政治不稳定性。中亚地区素来为民族部落聚集地,宗教问题、民族问题由来已久,存在较大的民族冲突。东道国当地的政治冲突,不仅影响了中国对外直接投资,而且对沿线国家政策制定造成较大的负面影响。比如,中远集团投资的希腊比雷埃夫斯港项目也经受过当地政权更迭带来的挑战。2015年1月,希腊左翼政党上台后,叫停包括中远港口项目在内的所有私有化项目,这导致中远集团在后期的收购过程中遇到很大阻碍。

3.3 数字经济战略下中国企业"走出去"的典型案例分析

3.3.1 中国移动互联网应用"走出去"

移动互联网应用的"走出去"是当前最活跃的部分。20世纪末移动通信迅速发展,随着互联网技术的完善,互联网从PC时代进入移动互联网时代,导致第三方移动应用软件(App)快速发展。谷歌和苹果建立当今全球移动互联网两大生态,目前移动联网业务组织的主要形式是应用商店。根据《互联网发展趋势报告》,截至2016年10月,全球主流应用商店移动应用累计数量约为1 234万款,中国市场中的移动应用累计数量约887万款,超越了在中国大陆注册约472万的网站数量。从累计数量看,国内App累计数量占全球数量的77.88%,说明我国移动应用发展全球领先;从国内移动应用和网站累计数量的对比来看,移动互联网已成为互联网业务提供的主角。另外,市场研究公司App Annie的数据显示,2015年,全球移动App应用市场的规模约700亿美元,而至2020年,将达1 890亿美元,五年内将以22%的年复合增长率保持平稳增长,由此可以看出全球移动互联网市场前景广阔,而随着国内移动应用不断发展,国内App正争先布局海外市场。

1. 中国App"走出去"概况

我国App"走出去"经历了工具类"走出去"、内容和社交类"走出去"、以分享经济为代表的线上线下类"走出去"三个阶段。根据猎豹大数据,第一阶段为2012—2014年,以工具类App"走出去"为主。工具类最早"走出去"的主要原因包括两点,第一,工具类产品属于刚需类;第二,国内工具类App发展成熟。第二阶段为2014—2015年,以内容类App"走出去"为主,主要包括个性化推荐新闻产品、短视频、直播产品等。第三阶段自2016年起,以线上线下类"走出去"为代表,主要包括移动支付和共享单车。比如,2016年,支付宝进入美国市场,以中国游客为主要对象,通过与当地支付公司、零售商、机场和银行等进行合作;2017年,以摩拜和ofo为代表的共享单车也开始"走出去"。

发展中国家为App"走出去"的主要目的地。由于App与智能手机为互补产品,所以各地区的App增长率与智能手机用户增长有密切联系,即可以从各国智能手机用户增长率来分析中国App"走出去"的目的地,手机用户增长越快的区域也是App"走出去"的重点目的地。2017年智能手机用户增长率排名前十的国家分别是越南、印度、印尼、菲律宾、巴西、马来西亚、泰国、俄罗斯、德国和法国。我国"走出去"的App的绝对量和种类均增加。从绝对量来看,截至2017年10月,进入海外Top 1 000的中国App有185个,比2016年增加60多个(不包括游戏App)。从产品种类来看,工具类和摄影类产品"走出去"的数量多,新闻类产品表现良好,主要代表App包括UC News、Topbuzz等,"走出去"的直播和短视频App也不断在海外布局。另外,2017年进入海外Top 1 000的App种类新增了6种类别,分别是旅行与本地出行、教育、餐饮美食、生活时尚、地图和导航以及动漫。

2. 网络直播"走出去"

2016年12月1日起在全国实施的《互联网直播服务管理规定》中对网络直播的定义是"基于互联网,以视频、音频、图文等形式向公众持续发布实时信息的活动"。根据《2016—2020年中国网络直播行业深度调研及投资前景预测报告》[①],2015年,国内网络直播的市场规模约为90亿元,平台数量将近200家,直播平台用户数量达到2亿。当前网络直播行业呈现三级分化的形态,包括秀场类、游戏类和泛生活类直播。秀场直播主要指的是PC端的秀场直播,主要代表平台是YY直播、六间房等;游戏类主要指电竞游戏直播,以斗鱼、虎牙等为代表;泛生活类直播指移动端的全民直播,内容包括生活各个方面,具有"随走、随看、随播"的特点。而随着国内移动直播的兴起,国内直播App也开始"走出去",将国内成熟的直播模式复制到海外。

直播类App"走出去"的热点区域是"一带一路"沿线国家。腾讯研究院公布的数

---

① 报告来源:中国投资咨询网。

据显示,截至 2017 年 6 月,在海外开展直播业务的国内直播企业有近 50 家,地域遍布 45 个国家和地区,在这些"走出去"直播平台分布的境外国家和地区中,隶属于海外"一带一路"国家的地域占比约 69.82%,成为直播平台"走出去"的热点区域,远超非"一带一路"国家。

直播"走出去"行业分布与国内基本一致。以"一带一路"沿线国家为主要目的地的直播平台"走出去"中,泛娱乐直播占比 92.11%,仅有少量分布在体育和游戏平台,二者占比均为 2.63% 左右;国内直播平台中泛娱乐直播占比 51.1%,其次是体育直播行业和游戏行业,分别占比 27.8% 和 18%,由此可见,直播"走出去"行业分布和国内相似,体育类和游戏类"走出去"有较大增长潜力。

3.3.2 中国分享经济"走出去"

分享经济是指利用互联网等现代信息技术整合、分享海量的分散化闲置资源,满足多样化需求的经济活动总和,是信息革命发展到一定阶段后出现的新型经济形态,是整合各类分散的资源、准确发现多样化需求、实现供需双方快速匹配的最优化资源配置方式。表 3-2 基于供方和需方的共享主体介绍了分享经济的商业模式,主要包括 C2C、C2B、B2C 和 B2B 等。C2C 模式中的生产和供给方都是个人,双方通过平台直接交易,如滴滴、在行等;在 C2B 模式中,企业通过众包满足临时劳动力的需求,进行虚拟化运营;在 B2C 模式中,企业以"以租代售"的战略,颠覆传统面向消费者的卖新和卖多行为,从销售产品向提供租赁服务转型;在 B2B 模式中,企业之间共享闲置资产,提高资产使用效率。根据国家信息中心信息化研究部的数据,2010 年年底,我国分享经济企业有 16 家,截至 2015 年增长到 100 家,仅 2014 年的新增数量达 44 家,这表明竞争不断加剧,产业不断走向成熟。

在分享经济中,以摩拜和 ofo 为代表的单车分享正在海外不断扩张,ofo 在新加坡更具优势。截至 2017 年 9 月底,按东道国已拥有的用户数量排序,摩拜海外用户数量排名前四的国家依次是意大利、新加坡、英国、马来西亚,ofo 对应的四个国家依次是意大利、新加坡、泰国和马来西亚,摩拜和 ofo 最具优势的海外国家都是意大利和新加坡。

表 3-2 分享经济商业模式

供给＼需求	企业	个人
企业	B2B:从消费到生产,wework	B2C:以租代售(共享单车)
个人	C2B:众包、众筹	C2C:滴滴、在行

注:根据腾讯研究院相关资料整理。

3.4 小　　结

随着互联网、大数据和人工智能技术的发展,全球已经迈入数字经济时代,发展数字经济已经成为全球共识。目前,我国政府正在积极实施"网络强国"战略,在数字化转型的背景下,中国数字经济的总体规模不断扩大、国民经济占比逐年攀升;其基础部分增势稳定、结构优化,融合部分占比高、增速快。这表明以数据为关键要素的数字经济正在我国蓬勃发展,通过与经济社会各个领域的深度融合加速经济社会信息化、智能化转型,并借助"一带一路"倡议的提出,重塑中国企业"走出去"的结构。

在当下,经济全球化使得我国企业"走出去"已然成为一种趋势。我国正处于经济结构转型升级与新一轮科技革命、产业变革的历史交汇期,新旧动能接续转换的客观要求日趋紧迫,高端生产、智能制造成为新热点,实体经济利用数字经济不断扩展,新模式、新业态不断涌现,数字经济将会改变我国企业传统"走出去"的范式,为我国企业"走出去"带来了新的变革。数字化将带动我国传统产业向信息化转型升级,甚至会促进"走出去"企业发展成为全球性的数字内容企业,加强企业"走出去"过程中对网络信息基础设施的建设,推动"走出去"企业进行产业的整合与优化升级。目前,中国移动互联网应用、分享经济等新业态出现,在全球范围内配置资源、进行战略布局,加速产业链的全球化发展,并向全球价值链高端延伸。然而在现阶段,我国企业"走出去"的现状还不尽理想。企业在"走出去"的过程中对投资风险的评估和防范能力还比较弱,跨国经营管理经验存在不足,国际人才短缺;"走出去"的企业在国际竞争力、技术创新能力、市场影响力、品牌知名度等方面与全球性的跨国公司相比还存在明显差距;关于"走出去"的法律政策制定还有待进一步完善。

面对数字化的新发展机遇,数字经济将会重塑企业"走出去"的结构。首先,"走出去"的企业在经营活动中数字技术含量日益增多,技术创新更加显著。其次,数字技术与实体经济深度融合,实体经济"走出去"正在全面数字化转型。最后,"走出去"的企业借助数字经济不断重组和优化产业结构,以提升企业本身的数字化产业内容。同时,数字经济也为企业"走出去"带来了严峻的挑战。一,数字经济背景下,"走出去"合规性隐患初现,隐形壁垒时有发生。二,"一带一路"沿线国家文化融合不当,会造成海外本土化经营困难。三,数字经济的发展还给企业"走出去"带来了很多不确定性,尤其是在投资安全方面将会面临更大的挑战,这要求企业在"走出去"的同时加强信息安全以及数据主权的保护。

第 4 章　数字经济战略下中国企业"走出去"与劳动力市场变迁

第 3 章分析并总结了在数字经济战略下中国企业"走出去"所面临的机遇与挑战,为本章的分析奠定了基础。本章将中国企业"走出去"战略与劳动力市场变迁相结合进行研究,论述了数字经济战略下中国企业"走出去"进程中出现的就业极化和工资极化现象。

4.1　数字经济战略下中国劳动力市场的新变革

20 世纪以来,数字经济逐渐成为各国经济发展的新特点。以互联网、云计算、大数据、物联网、人工智能等为代表的数字技术已被公认为是第四次产业革命的重要驱动因素,以信息技术为代表的高新技术突飞猛进,以信息化和信息产业发展水平为主要特征的综合国力竞争日趋激烈。发达国家和发展中国家都十分重视信息化,把加快推进信息化作为经济和社会发展的重要战略任务。

未来数字经济对就业生态有"新增、强化"及"弱化、消失"的二元影响,具体体现在就业人群、就业领域和就业方式三个方面。首先,就业人群的新增及强化主要因为掌握特定的专业技能(尤其是数字经济运用)以及具备机器智能尚无法大规模取代人类的人机交互、创造性等素质将成为重要的贸易壁垒,尤其针对中高端就业机会,将以此优胜劣汰。但机器智能化及平台就业的发展使就业者的身体素质、所处地域不再构成制约,带来全球化的广泛协同和对劳动者的一视同仁。其次,就业领域也会因为数字经济的快速发展发生重大变化,大量传统产业+数字化的跨界组合使数字化基础服务成为就业增长的重要领域。同时,数字经济带动的新的商业模式也会激活新的就业机会。另外,被数字技术改变商业逻辑的部分行业及职能领域就业机会面临转型、锐减甚至消失,而伴随对就业人群能力升级的需求,部分标准化、程序化的非脑力工作可被技术低成本替代。最后,就就业方式而言,基于平台的就业和创业使自由人相互联合、

"按需聚散"、履行契约的趋势增强,使拥有多份零工的斜杠青年都能得到展示自身价值的机会,但"数字原住民"的崛起会使传统组织＋雇员关系面临新时代的文化冲击。

4.1.1 就业模式

(1) 由安置就业模式向自主就业模式转变

我国在改革开放之前主要采取的是安置就业模式,它作为一种劳动力资源的分配方式,是传统计划经济的重要体现,其内涵为国家按照计划安排,直接参与劳动力市场的就业分配。从企业方面来看,企业自身没有自主的用人权;从劳动者方面来看,没有自由的选择权。而这样的安置就业只限于对大学生等城镇大中专科毕业的学生,同时也包括一些特定就业群体的岗位部署,把乡村的青年人排除在外,在这样的模式下,城乡差距不断扩大,也不存在所谓自由流通的劳动力市场。而改革开放以来,我国转变了就业制度,以自由就业模式为主要的就业制度,从政府的直接干预转变成为由市场决定就业的准入门槛,政府已经不再直接参与劳动力资源的配置,而是通过相关政策法规建立起完善的劳动力市场,由市场来承担资源配置的角色。

数字经济的发展无疑是加速了这一就业模式的发展与完善,数字经济渗透在国家的各行各业中,如以保险、广播电视电影、货币金融、资本市场服务、公共管理和社会组织、邮政、教育、社会保障、铁路运输、文化艺术、科技推广等服务为主,所提供的交通出行、生活服务、知识技能等领域的共享经济活动带来了大量的就业机会,岗位多样,需求技能不同,吸引了更多的人加入行业中,自由就业模式得到了良好的发展。

(2) 弹性就业模式发展迅速,规模庞大

弹性就业模式的迅速发展,一方面归因于我国劳动力市场的建立以及就业制度的深化改革,促使市场内劳动力资源的合理配置,多种灵活的就业模式应运而生,市场的多样化以及行业的细分为我国的弹性就业模式提供了可能性。另一方面我国就业压力巨大,第一产业的经济比重不断下降,使得大量下岗失业人员和农村劳动力向城镇转移,城镇就业压力增加的同时致使劳动者不得不用弹性就业来缓解,但是在初期,弹性就业未能在各行各业全面发展,这还是由于我国落后的就业观念,行业与企业间并未能真正认可这种新型就业模式,非全日制的工作不是一种长期的就业生存之道。另外,由于政府的相关法律法规政策不健全,像企业福利制度这样的传统社会保障制度的存在,受益对象是正式的全职就业者,在这样的社会背景下,就业者对于具备社会福利的弹性就业模式接受度低。

但是数字经济的发展却打破了这一传统观念,由于信息化水平提升,电信网络不断提速,计算机与手机等通信设备配置比例不断提高,使得人们在家便可获得大量的信息和进行交流,办公地点不限于写字楼、办公室等公共场所,何时何地都能完成人与人的沟通和信息的传输。因此,在数字经济背景下,就业者们可灵活办公,不再局限于固定的地点、时间,弹性就业模式得到了极大的发展,自由职业者人数不断攀升,为我国的就业模式注入了新思路。

(3) 数字经济的发展催生出平台式就业的新模式

数字经济在实体经济中的影响日趋深化,平台企业加速壮大,2016年在全球市值最高的十家公司中,平台企业有6家,苹果、谷歌、微软等平台企业的市值超过美孚石油、强生等老牌跨国企业;传统行业开始向平台转型升级,通过对数字化技术的运用,大幅提高了生产的效率和附加值,分享经济、智能制造等新业态席卷全球,促使实体经济形态加速重构。

互联网还衍生出"创业式就业"模式。"创业式就业"受益于互联网基础设施、市场推广、销售渠道和融资的发展,网络创业门槛大大降低,极大地激发了广大就业人员的创业热情,越来越多的大学生选择创业而非择业作为他们的就业方式,为解决大学生的就业问题提供了一种新思路,90后也加入了创业的浪潮,社交平台、在线购物、新媒体运营等移动互联网领域成为他们的创业首选。

4.1.2 供求结构

我国劳动力市场的供求结构不对称,"供不应求"和"供过于求"并存,因此,结构性失业现象频出。一般来说,经济发展的过程就是经济结构变化的过程,产业的变动引起劳动力市场供给的调整要滞后于需求的变化,在高速发展的数字化经济时代,劳动力素质与职业需求不匹配的矛盾日益突出。表现在以下几个方面:首先,技术人员供不应求,《中国劳动统计年鉴—2016》表明,从需求看,54.2%的市场用人需求对劳动者的技术等级或专业技术职称有明确要求。其中,对技术等级有要求的占34.5%,对专业技术职称有要求的占19.7%。从供求状况对比看,各技术等级和专业技术职称的岗位空缺与求职人数的比率均大于1。其中,高级工程师、高级技能、高级技师岗位空缺与求职人数的比率较大,分别为2.27、2.02、1.95。由此可以看出,经济的高速发展对于高技能的技术工人的需求也在不断增加,而大量的低素质劳动力则明显供过于求。高技能人才荒的问题不可避免。其次,劳动力供求结构失衡还表现在我国劳动力结构中低素质劳动力占比仍然较大,无法满足产业升级转型的需求。据统计,2016年我国就业人员20~24岁大专及以上学历的占比为27.5%,与发达国家相比差距较大。经过近些年数字经济的带动,我国的生产技术水平有了很大的提高,对于高素质劳动力的需求也急剧增加,人口素质的低下很难满足产业转型的需求。

在数字经济未兴起之时,传统行业的生产相对集中于煤炭、纺织、机械、轻工等行业,就业人员也大部分集中于这些部门之中,但是由于新兴产业的崛起,三大产业都面临着转型升级的局面,一部分传统行业被遗弃或者需求更高质量的人才,这就意味着传统部门中的低素质人员面临着下岗失业的困境,技能的缺失导致他们很难在竞争中具备优势,从而长期陷入失业之中,而新兴技术行业对于就业者的能力以及专业素质都有很高的要求,他们也无法适应岗位的需求,结构性失业问题更加严峻。

劳动力供求双方是否能通过劳动市场进行岗位上的匹配是劳动者能否解决就业问题的关键所在,我国目前存在的就业问题既有供给方面的原因,又有需求方面的原因,严重制约着我国劳动力就业潜力的有效释放,也不利于我国劳动力市场资源配置的优化,并且增加了劳动者的从业难度。

4.1.3 技术导向

据统计,信息化产业的就业人数在近20年来不断增加,特别是在2012—2013年,信息传输、计算机服务和软件业的就业人数从222.8万人增加到327.3万人,增长率高达46.9%,而科学研究、技术服务和地质勘察在此期间也从330.7万人增长到387.8万人,增长率为17.3%。但是与发达国家不同的是,我国信息制造业的就业人数要高于信息服务行业,这说明我国信息行业在整体上还处于初级阶段,劳动力密集型产业还是占据主要地位。

一方面,技术的进步提高了劳动生产率,扩大了生产规模,创造出更多的就业机会与岗位,这就是技术进步所带来的创造效应;而另一方面,由于劳动生产率的提高减少了劳动力的需求,此时完成了资本对于劳动的替代,从而减少了劳动力的需求,而这是技术进步所带来的损失效应。数字经济的发展最明显的特征是技术进步和新兴产业的兴起使得产业类别增加,为劳动市场提供了更多的就业机会,与此同时,部分传统行业出现衰退或被淘汰的现象,低技术人员面临着失业的风险。但是技术进步最终会如何影响就业,学者们的意见并不一致。短时间内技术进步带来的损失效应大于创造效应,导致就业的减少;长期来看,技术进步的创造效应更大,促进就业的增长和就业结构的优化升级。

4.1.4 产业优化

进入21世纪以来,我国不断深化经济转型与产业升级。从2003—2016年三次产业增长速度来看,第一产业增长相对缓慢,第二产业增长快速,第三产业突破了单一的发展格局,扩大了金融、信息化、科学研究等领域的发展,且第二、三产业增长速度显著快于第一产业;从就业比重来看,第一产业就业比重明显下降,第二产业就业比重增长缓慢,第三产业的就业比重增长速度高于第二产业的增长速度。总体来看,我国产业结构呈现出"二三一"型,产业升级则需要国家通过实际情况不断优化调整,向"三二一"型发展。

在产业调整方面,对于中国产业调整产生深刻影响的因素来自两方面:一方面,2001年加入世贸组织,中国加大对外开放的力度,进出口贸易的发展以及海外投资的增加都刺激了我国制造业规模的升级,在中国对外开放程度不断扩大之时,同样从其他国家对于中国市场的开放程度中受益,也因此使得第二产业产值比重长时间维持在一个高于世界平均水平的位置上;另一方面,2008年全球金融危机使我国出口遭受严重影响,通过国家推出的万亿经济刺激计划和战略新兴产业发展规划,拉动投资、消费、出口三驾马车,刺激内需,在危机中得以平稳度过,在短时间内保持了经济的稳定高速增长,并因此引导国内新兴产业的高速发展。

从2003—2016年三次产业增加值来看,第一产业增加了46 702.6亿元,年平均增长值为19.7%;第二产业增加了233 850.3亿元,年平均增长率高达26.6%,第三产业增加值为325 610.6亿元,年平均增长值为42.3%,由此可见,第二、三产业增长率明显高于第一产业,逐渐取代第一产业,成为我国产业调整升级的重要发展方向。

回顾这一阶段中国产业转型升级的主要特征,主要有三个方面:第一,产业结构的调整基本符合产业演进规律,第一产业比重持续下降,第二、三产业的比重不断上升,逐渐向"三二一"的模式靠拢,但在国际分工的背景下,中国的第二产业仍占相对较高的比重,虽然第三产业的发展势头良好,但与发达国家相比仍然处于落后的地位。第二,国家过度依赖出口和投资拉动经济增长的模式导致第三产业的发展驱动力不足,造成了居民收入增长缓慢,消费作为三驾马车之一受到国家的高度重视。第三,开始注重对于技术和创新的追求,数字经济和信息化的高速发展,使得以高新技术为驱动力的新兴产业不断优化升级,引领我国产业的调整和转变,对于我国战略上的产业升级具有很重要的现实意义。

2003—2016年的14年中,中国国民经济快速增长,三次产业结构逐步优化。数字经济逐渐兴起和发展,2016年,服务业中数字经济占行业比重平均值为29.6%,工业中数字经济占比平均值为17%,农业中的占比平均值为6.2%,数字经济占本行业增加值比重呈现出三产高于二产、二产高于一产的典型特征,技术导向型和资本密集型产业数字化转型明显快于劳动密集型产业。

但是数字经济的发展也存在着一定的问题,数字经济呈现出从第三产业向第一产业渗透的趋势,第三产业的数字经济发展速度较快,而第一产业与第二产业相对落后。中国信息通信研究院测算表明,2016年我国第三产业ICT中间投入占行业中间总投入的比重为10.08%,而第二产业与第一产业该指标数值仅为5.56%和0.44%,产业间数字经济发展不均衡问题非常突出。

4.2 数字经济战略下中国企业"走出去"进程中的就业极化现象

4.2.1 数据描述及国别结构分析

考虑到本章的对象主要是中国有对外投资行为的企业,且并没有详细的可用数据库,为此我们利用商务部境外投资企业(机构)名录与中国工业企业数据库以企业名称和法人代码为基准逐一匹配,构造包含企业基本特征、所属行业、所在地区以及投资东道国数据在内的四维度综合数据库。

本章在36 044家对外投资记录基础上,比对1998—2009年中国工业企业数据库,根据相关研究变量的可获取性,最终选取2005—2007年间的3 649条投资记录。同时,以企业名称和法人代码为基准,删除中国工业企业数据库中无法找到企业代码和数据缺失的企业,并对样本企业涉及的4位行业代码采用2位行业进行分类汇总,得到包含农副食品加工业、食品制造业、纺织业、服装加工业、化学原料及化学制品制造业、橡胶制品业、有色金属冶炼及压延加工业、通用设备制造业等行业在内的34个行业。

从表4-1中可以看出,中国企业对外投资的国别(地区)结构日趋多样化,投资步伐加快。自改革开放以来,中国对外投资活动日渐频繁,投资国家和规模逐步增加。其中,美国和中国香港是对外投资较早的目的地,自1986年开始已近30年,且投资企业记录也相对较高,分别为4 154个和10 686个,占对外投资总规模的11.5%和29.6%。同时,对外投资的国别机构也逐步多样化,既有美国、英国和德国等发达国家,也有印度、俄罗斯和巴西等新兴市场国家,还有津巴布韦、尼日利亚和赞比亚等非洲欠发达国家;既有技术寻求型投资,也有资源寻求型、市场寻求型投资等。

表4-1 中国境外投资企业(机构)名录简明统计

东道国(地区)	投资记录	起始年	东道国(地区)	投资记录	起始年
美国	4 154	1986	埃塞俄比亚	168	1996

续表

东道国(地区)	投资记录	起始年	东道国(地区)	投资记录	起始年
中国香港	10 686	1986	阿尔及利亚	94	2002
荷兰	292	2004	印度尼西亚	652	2002
英国	403	1986	澳大利亚	869	1999
德国	784	1987	津巴布韦	104	1997
法国	260	2003	尼日利亚	333	1998
瑞典	92	2003	开曼群岛	229	1998
老挝	600	2002	加拿大	617	2000
越南	842	1995	意大利	244	2000
伊朗	121	1992	西班牙	110	2003
蒙古	381	1999	俄罗斯	1 092	1998
缅甸	241	1994	新西兰	99	1998
巴西	244	2002	赞比亚	200	1998
中国台湾	230	2009	沙特阿拉伯	191	2002
中国澳门	190	1986	阿联酋	735	1983
南非	232	2000	柬埔寨	397	2003
印度	366	2000	新加坡	799	1992
日本	963	1988	哈萨克斯坦	284	1998
韩国	760	2000	吉尔吉斯斯坦	127	2004
泰国	466	1987	维尔京群岛	567	1998
其他	5 826		总计	36 044	

注：数据来源于中国商务部，时间截至2015年。

4.2.2 中国企业"走出去"与就业极化

加入 WTO 以来，随着"走出去"战略的深入推进，对外直接投资对我国劳动力市场也产生深刻影响。图 4-1(a)所示为对外投资企业与非对外投资企业就业的核密度估计，分析显示就业的核密度分布明显右偏，且对外投资企业核密度曲线比非对外投资企业更加右偏，反映出对外投资企业的就业更集中于规模较大的区间(5～7 之间)，而非对外投资企业则集中于规模较小的区间(4～5)。也即认为，对外投资企业通常企业的就业规模较大，而非对外投资企业平均就业规模相对较小。图 4-1(b)所示的2005—2007 年中国制造业企业就业极化的核密度估计也显示，考察期内高技术行业和低技术行业就业的核密度曲线整体位于中高技术行业和中低技术行业右侧，反映出就业人数较多的人群主要分布在高技术行业和低技术行业，而中高技术行业和中低技术行业的就业分布则相对较少，与前文就业极化的分析一致。

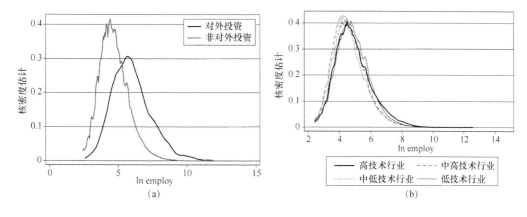

图 4-1 对外投资与非对外投资企业及分行业的就业核密度估计

首先,基于中国制造业内部就业结构的考察发现,制造业存在明显的极化现象,即高技能和低技能劳动力的就业增长显著快于中等技能劳动力。图 4-2 所示为 1998—2007 年和 1998—2013 年我国制造业分行业就业增长和极化趋势。根据 OECD(2011)对行业标准的分类及吕世斌和张世伟(2015)的做法,本章将制造业分成高技术、中高技术、中低技术和低技术四类行业①。统计显示,考察期内四类行业就业全部保持增长,且高技术行业和低技术行业的增长幅度最大(分别为 153.4%、162% 和 37.35%、100%),而中高技术和中低技术行业的增幅相对较小(分别为 37.46%、90% 和 10.07%、64.2%),呈现出类似 U 形结构。因此,通过对中国制造业内部就业结构的考察发现,我国制造业就业结构出现了"两端高、中间低"的极化现象。

在此基础上,图 4-3 通过对 10~90 不同分位点高、中、低技术行业的分位数回归,更为直观地描述了企业对外直接投资影响就业极化的分布情况。② 根据不同分位点的回归结果分布可以看出,不管是在高技术行业还是在低技术行业,企业对外直接投资对就业规模的促进作用均大于中等技术行业,即呈现就业极化现象,且低技术行业

---

① 其中,高技术行业包括医药制造业,专用设备制造业,通信设备、计算机及其他电子设备制造业,仪器仪表及文化、办公用机械制造业;中高技术行业包括化学原料及化学制品制造业、通用设备制造业、交通运输设备制造业、电气机械及器材制造业;中低技术行业包括煤炭开采和洗选业,石油和天然气开采业,黑色金属矿采选业,有色金属矿采选业,非金属矿采选业,石油加工、炼焦及核燃料加工业,橡胶制品业,塑料制品业,非金属矿物制品业,黑色金属冶炼及压延加工业,有色金属冶炼及压延加工业,金属制品业;低技术行业包括食品制造业,饮料制造业,烟草制品业,纺织业,纺织服装、鞋、帽制造业,皮革、毛皮、羽毛、绒及其制品业,木材加工及木、竹、藤、棕、草制品业,家具制造业,造纸及纸制品业,印刷业和记录媒介的复制、文教体育用品制造业,化学纤维制造业,电力、热力的生产和供应业,燃气生产和供应业。

② 图 4-3 所示为对外直接投资影响就业极化的分位数回归系数,利用分位数回归方法将企业对外直接投资行为(是为 1,否为 0)与就业规模变量按照 10~90 分位点的回归系数拟合而成,具体回归过程备索。

与中等技术行业的极化趋势更为明显,初步证实了对外直接投资会整体上加剧劳动力市场就业极化。对此,可能的解释是由于我国企业对外直接投资主要以跨国并购和新建投资为主,选择跨国并购的企业本身技术水平较高,通过利用外部资源结合自身生产率优势,培育新的垄断优势(周茂 等,2015)。而决定企业并购整合效率的关键因素在于跨国企业的管理组织能力和技术水平,二者又都是源于人力资本的积累,因此该类企业对外直接投资将主要促进高技术劳动者的就业。而选择新建模式的对外直接投资企业本身技术水平相对较低,多通过价格、数量竞争取胜,此类企业在海外新建工厂会对我国劳动力市场产生替代效应,减少对我国中高和中低技能劳动者的需求。与此同时,企业对外直接投资也会促进企业技术进步,而技术进步又会替代从事常规化生产任务的重复性劳动(中等技能),促使中等技能的工人向高技能和低技能的生产岗位转移,即存在吹风效应。因此,对外直接投资对不同技能劳动力就业的影响差异会导致就业极化,而其具体的影响效应及路径,后文的实证研究会进一步验证。

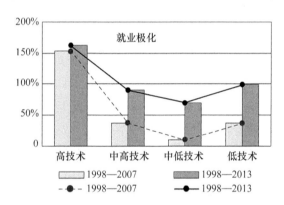

图 4-2 我国制造业分行业就业极化趋势

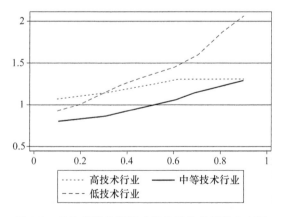

图 4-3 对外直接投资影响就业极化的系数分布图

4.3 数字经济战略下中国企业"走出去"进程中的工资极化现象

后危机时代以来,随着"走出去"战略深入推进,我国对外直接投资迅猛发展,2016年我国非金融类对外直接投资1 701亿美元,连续两年居世界第二,并实现双向直接投资项下的资本净输出。与此同时,大量企业深度参与全球价值链,也导致我国劳动力市场内部技能结构和收入分布发生了深刻变革。来自国家统计局的数据显示,2016年全国收入基尼系数高达0.465,连续多年超过国际公认警戒水平(0.4),居民收入差距持续拉大。对此,大量经验研究早已证实我国对外直接投资具有积极的经济效应,如在提升企业生产率、促进企业出口和企业自主创新中发挥了重要的作用(蒋冠宏等,2014),尤其是对劳动力市场的影响多被学者们提及但又未能给出系统地回答(毛其淋 等,2014b;李宏兵 等,2017)。来自德国经济社会调查数据的经验研究也证实,国际外包每增加1%,将有助于高技能工人工资提高2.6%,但却减少了低技能工人工资的1.5%,即对外直接投资加剧了德国的技能工资差距的扩大(Geishecker et al,2008)。

表4-2所示为不同年份平均工资水平、高低技能收入差距和性别收入差距。从表4-2全样本中我们可以看出,从2007—2013年我国员工个体的收入水平不断提高,由2007年的每小时约14.11元上升到了2013年的每小时18.16元。同时也可以看出,2007年高技能个体的平均工资约为18.08元,高出低技能个体平均工资5.54元,并且高、低技能工资差距不断扩大,至2013年高、低技能工资差距约为每小时8.96元。此外,从表4-2也可以看出性别工资差距也由2007年的每小时3.9元逐渐扩大至2013年的每小时4.4元。因此我们可以看出尽管从2007—2013年我国个体收入水平得到不断的提升,但技能收入差距和性别收入差距却也在不断扩大。

表4-2 分年份的工资差距

小时工资/元	全样本	高技能	低技能	技能收入差距	男性	女性	性别收入差距
2007年	14.11	18.08	12.54	5.54	15.8	11.9	3.96
2008年	16.87	21.86	14.67	7.19	18.7	14.5	4.15
2013年	18.16	24.61	15.65	8.96	20.1	15.7	4.44

注:根据2007年、2008年和2013年CHIP城镇调查数据筛选后的样本计算整理得到。

4.4 小　　结

　　数字经济的蓬勃发展对社会经济的影响逐步深化,并深刻改变了传统劳动力市场的就业和工资结构。本章首先系统分析了数字经济对劳动力市场就业人群、就业领域和就业方式三方面的影响,并分析了不同技能就业人群的就业极化。同时也分析指出,劳动力市场的就业领域也会因数字经济的冲击发生重大变化,数字技术改变商业逻辑的部分行业及职能领域就业机会的消减与数字化基础服务和交叉领域新就业机会的创造,同时出现并相伴而生。不仅如此,在就业方式上,"数字原住民"的崛起会使传统组织＋雇员关系面临前所未有的挑战,传统劳动力市场的就业和工资决定方式面临冲击。来自对外直接投资影响就业极化的统计分析也表明,对外直接投资对我国就业增长的影响出现了"两端高、中间低"的极化现象,即不管是在高技术行业还是在低技术行业,企业对外直接投资对就业规模的促进作用均大于中等技术行业。对于工资的影响也与此类似,中国企业"走出去"进程中不同技能工资的分化,同样反映了中国劳动力市场的新特征,而更为严谨的影响效应仍需要下文的实证分析得出。

第 5 章　中国企业"走出去"影响就业极化的实证分析

前文统计描述了数字经济战略下中国企业"走出去"如何影响劳动力市场变迁，本章在第 4 章的基础上，运用模型实证研究了中国企业"走出去"对就业极化的影响。研究结果表明，企业国际化活动会显著影响国内劳动力就业变动，同时，国有企业对外投资加剧了劳动力的低技术"极化"趋势，外资企业对外直接投资在一定程度上降低了劳动力"极化"趋势。

5.1　数据匹配、模型构建与指标说明

5.1.1　基于 PSM 方法的数据匹配

在实证研究中，模型估计的准确性很大程度上取决于对照组企业能够在多大程度上近似实验组企业未对外直接投资的状态。对此，本章采用基于反事实的倾向得分匹配方法（PSM）进行数据匹配。该方法最早由 Paul Rosenbaum 和 Donald Rubin 在 1983 年提出，此后广泛应用于医学、统计学、管理学和经济学中。倾向得分匹配方法在实际运用中主要分为两步。

一是建立一个倾向值模型，通过该模型估算在既定条件下，一个样本被其他因素干扰后的倾向得分，倾向值可以在接下来的实验中被用来配对、加权或者分类，或者可以将倾向值作为一个协变量来调整回归模型。基本思路如下：构建 Probit 模型或者是 Logistic 模型，选择相关变量，使用 Probit（或者 Logistic）模型得出倾向值；根据得到的 PS 值，将样本对外直接投资企业等分为 N 组，在每个分组中，分别计算对照组和实验组的平均倾向得分值，并检验二者之间的显著差异，若存在，则需要进一步细分，并重新进行上述检验，一直反复进行上述操作，直至在每个分组中，对照组和实验组的

平均倾向得分值都相等时结束。

二是,根据上文估算出的倾向值,可以将倾向值相同或相近的对照组和实验组进行匹配,一般常用的匹配方法有:最近邻匹配法(Nearest Neighbor Matching)、核匹配法(Kernel Matching)和马氏距离匹配法(Mahalanobis Distance Matching)。如果是连续型变量,我们将很难找到两个倾向得分完全相同的对照组和实验组,最终无法实现两组样本之间的匹配。多种匹配方法能够解决这一问题,常用的多种匹配方法包括:最近邻匹配法、半径匹配法(Radius Matching)以及核匹配法。最近邻匹配法是以上文估算出的倾向值为基础,向前或向后寻找与实验组样本的倾向值最为接近的对照组样本,选为实验组的对照组。而半径匹配法是首先设定一个常数 r,包含于控制组中的倾向得分值与处理样本 i 的倾向得分值之间的差异小于 r 的样本都将选定为匹配对象。

针对上述思想,本章采用最近邻匹配法,首先将样本分为两组,一组是对外直接投资企业(记为对照组),另一组为非对外直接投资企业(记为实验组)。即构造企业是否对外投资 dy={0,1}的虚拟变量,dy=1 表示企业对外直接投资,dy=0 表示企业从未对外直接投资。接下来,利用 Logit 方法估计如下模型:

$$P = \Pr\{dy_{it} = 1\} = \Phi\{X_{it-1}\} \tag{5-1}$$

对该模型进行估计后,可以得到概率预测值(或倾向得分)$\hat{P}$。为便于理解,我们分别使用 $\hat{P}_i$ 和 $\hat{P}_j$ 表示实验组和对照组的概率预测值,最近邻匹配的基本思想可表示为:

$$\Omega_i = \min \| \hat{P}_i - \hat{P}_j \|, j \in (dy = 0) \tag{5-2}$$

基于上述匹配思想,在以往文献研究的基础上(Greenaway 等,2007;Bellone 等,2010),我们选择企业如下指标作为匹配变量:企业全要素生产率、企业资本密度、企业规模(就业人数)和企业所属行业等。采用 1∶3 比例匹配,结果如表 5-1 所示,从 T 值检验来看,高度拒绝实验组和对照组企业均值相等的原假设。匹配后实验组企业和对照组企业的生产率、人均资本和就业人数高度接近。从 T 值检验来看,接受实验组和对照组企业均值相等的原假设。当然,按照 1∶1 和 1∶2 比例进行稳健性匹配的检验中也得到类似结果。这说明最近邻匹配后我们找到了与对外直接投资企业最相近的从未对外直接投资的企业。从图 5-1 对照组和实验组企业匹配前后样本对比中也可以看出,匹配后对照组和实验组企业的倾向得分分布更为一致,差异更小,也反映出我们匹配了与对外直接投资最为接近的非对外直接投资企业。

表 5-1 2005—2007 年对外直接投资的 PSM 平衡性检验

2005 年	匹配前			匹配后			实验组	对照组
	实验组	对照组	T 值	实验组	对照组	T 值		
ln TFP	2.146 9	2.020 6	22.75***	2.146 9	2.148 1	−0.15	819	2 426
K/L	139.520 0	127.260 0	0.08*	139.520 0	136.960 0	0.18	819	2 426
scale	2.413 9	2.880 4	−37.76***	2.413 9	2.417 2	−0.10	819	2 426
2006 年								
ln TFP	2.158 1	2.038 8	22.85***	2.158 1	2.163 4	−0.61	857	2 511
K/L	148.070 0	133.570 0	0.18*	148.070 0	202.200 0	−1.28	857	2 511
scale	2.381 6	2.881 2	−41.61***	2.381 6	2.383 1	−0.05	857	2 511
2007 年								
ln TFP	2.180 6	2.059 7	24.37***	2.180 6	2.181 8	−0.16	893	2 635
K/L	157.170 0	147.080 0	0.11**	157.170 0	170.360 0	−0.48	893	2 635
scale	2.378 5	2.882 6	−43.14***	2.378 5	2.378 9	−0.01	893	2 635

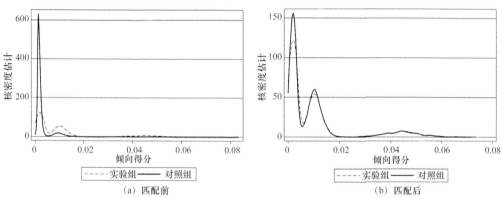

图 5-1 对照组和实验组企业匹配前后样本对比

5.1.2 模型构建与指标说明

在上述数据匹配的基础上,我们进一步构建计量模型考察企业对外投资如何影响就业极化,并识别出对外投资企业与从未对外资投资企业的影响差异。考虑到我们无法观测对外投资企业还未对外投资时的情形,因此利用学术界通用的反事实方法,将对外直接投资企业视为实验组,将从未对外直接投资企业视为控制组(Hijzen et al, 2006; Hijzen et al, 2011)。接下来,构造企业是否对外投资 $dy=\{0,1\}$ 和投资时间

dt={0,1}两个虚拟变量。dy=1 表示企业对外直接投资,dy=0 表示企业从未对外直接投资。dt 为时间二元虚拟变量,dt=1 表示企业对外直接投资后的时期,dt=0 表示企业对外直接投前的时期。令 em_{it} 表示企业 i 在时期 t 的就业,Δem_i 表示企业 i 对外直接投资前后的就业变化。若企业对外直接投资则将其两个时期的就业变化记为 Δem_i^1;若企业从未对外直接投资则将其两个时期的就业变化记为 Δem_i^0。因此,企业对外直接投资对就业的实际影响 λ 为:

$$\lambda = E(\lambda_i | dy_i = 1) = E(\Delta em_i^1 | dy_i = 1) - E(\Delta em_i^0 | dy_i = 1) \quad (5-3)$$

当然式(5-3)中 $E(\Delta em_i^0 | dy_i = 1)$ 是不可直接观测的企业未对外投资时的就业状况,但通过前文的构造实验组和控制组的数据匹配,可以用从未对外投资企业的就业变化来拟合对外直接投资企业的就业变化,从而间接识别出上述效应。

接下来,将式(5-3)等价转换,表述为可实证检验的计量方程如下:

$$em_{it} = \alpha_0 + \alpha_1 dy + \alpha_2 dt + \delta dy * dt + \xi_{it} \quad (5-4)$$

其中,交互项 dy * dt 的系数 δ 为企业对外直接投资后对其就业的实际影响。如果 δ>0,则表示企业对外直接投资后实验组企业的就业增加大于对照组企业。这表明企业对外直接投资系统性增加了就业,从而说明对外直接投资促进了企业在母国的就业。反之,如果 δ<0,则表示企业对外直接投资后实验组企业的就业增加小于对照组企业。这说明对外直接投资替代了企业在母国的就业。

当然,需要指出的是,在利用倍差法对上述方程进行估计过程中可能会受遗漏变量的干扰,为稳健起见我们继续引入控制变量,进而将式(5-3)改写为:

$$em_{it} = \alpha_0 + \alpha_1 odi + \alpha_2 time + \delta odi \times time + \alpha_4 \ln TFP_{it} + \alpha_5 \ln export_{it}$$
$$+ \alpha_6 K/L_{it} + \alpha_7 \ln wage_{it} + \alpha_8 \ln value + \alpha_9 size + v_i + v_i + \xi_{it} \quad (5-5)$$

式中,控制变量 ln TFP 表示全要素生产率,利用 Levinsohn 和 Petrin(2003)的方法进行测算;ln export 表示企业出口,以企业出口交货值对数衡量;K/L 表示资本密集度;ln wage 表示平均工资水平的自然对数;ln value 表示工业增加值的自然对数;size 表示企业规模;v 和 υ 分别表示行业和地区控制变量;ξ_{it} 表示模型误差项。在上述回归方程基础上,本章分别引入 odi * yd、odi * incom、odi * syz1 和 odi * syz2 等虚拟变量。其中,odi * yd 表示 odi 与"一带一路"国家的交互项(是否"一带一路",是为 1,否为 0),odi * income 表示 odi 与高、低收入国家的交互项(是否高、低收入国家,是为 1,否为 0),odi * syz1 表示 odi 与国有企业的交互项(是否国有企业,是为 1,否为 0),odi * syz2 表示 odi 与外资企业的交互项(是否外资企业,是为 1,否为 0)。具体变量描述如表 5-2 所示。

表 5-2 主要变量统计性描述

	高技术		中等技术		低技术	
	均值	标准差	均值	标准差	均值	标准差
ln employ	6.115 1	1.492 8	5.724 0	1.580 0	5.782 5	1.379 6
odi	0.270 0	0.444 1	0.230 3	0.421 1	0.281 0	0.449 6
time	0.136 8	0.472 3	0.138 9	0.474 6	0.177 7	0.528 8
ln TFP	2.201 0	0.156 2	2.169 6	0.167 1	2.137 9	0.154 8
ln export	6.807 5	5.896 4	4.255 3	5.435 3	5.104 9	5.456 4
K/L	133.278 2	244.792 0	147.717 2	240.583 7	202.522 2	1 284.207 0
ln wage	9.216 7	1.756 3	8.651 0	1.824 8	8.609 6	1.606 1
ln value	10.787 4	1.797 6	10.390 9	1.914 7	10.076 8	1.723 9
size	2.234 4	0.719 4	2.395 7	0.694 9	2.448 9	0.651 3
样本量	1 374		5 097		2 954	

5.2 基于倍差法的总体估计

本章利用倍差法对回归模型进行检验,考察实验组企业与对照组企业对外直接投资就业增长是否有系统性差异,如果有,我们就认为对外直接投资显著影响了企业的国内就业。我们采取的估计策略是先不考虑企业特征变量和其他控制变量,单独看企业是否参与对外直接投资(odi)、参与对外投资的时间节点(time)对企业就业人数的影响,然后逐渐加入企业特征变量和其他控制变量。表 5-3 所示为整体回归的结果,其中,列(1)至(3)展示了全体样本的估计,列(4)至(6)展示了区分企业技术水平的估计结果。列(1)控制了企业是否参与对外直接投资,结果说明,相对于没有对外直接投资的企业来说,对外直接投资的企业确实其就业人数更多;对于我们关心的核心解释变量 odi * time,列(2)的系数为正,说明对外直接投资确实增加了企业在母国的就业。由于企业就业水平会受到其他因素影响,如企业内部特征(如生产率(ln TFP)、资本密集度(K/L)等)。同时,企业所处的特定时间和特定地区也可能影响企业的就业水平,如中国在 2001 年加入 WTO,参与对外贸易的壁垒削弱,外贸扩张为国内企业提供了稳定的外部需求,因而增加了外贸企业的就业水平。对于地区因素而言,不同地区的对外开放程度、金融发展水平、地理区位及人文风俗等因素都可能对劳动力市场的供求产生影响。因此,如果不考虑这些因素,得到的结果很可能是有偏的。在列(3)中,我们分别控制了企业特征变量和时间、地区固定效应,结果发现 odi * time 的系数依然显著为正,说明我们之前得到的结论是稳健的。

列(3)的回归结果显示,对于其他控制变量:odi 的系数显著为正,说明作为实验组的对外直接投资企业相对于对照组的未参与对外直接投资的企业而言,就业水平确实更高;time 的系数显著为负,说明企业在对外直接投资的时点后,就业水平趋于下降;ln TFP 系数显著为负,说明生产率水平越高,企业就业人数越少;ln export 的系数为正,说明出口密集度越高的企业,就业水平越高;ln wage 和 ln value 的系数为正,说明企业工资水平和工业增加值与企业就业水平正相关;K/L、size 的系数为负,则说明企业的资本劳动比越高、规模越大,其就业水平反而更低。

表 5-3 整体回归结果

	总体	总体	总体	高技术	中等技术	低技术
	(1)	(2)	(3)	(4)	(5)	(6)
odi	0.260 8***	0.227 1***	0.026 1*	0.037 6	0.007 2	0.042 4
	(7.59)	(5.51)	(1.91)	(1.15)	(0.40)	(1.72)
time		0.012 7	−0.048 0**	−0.042 9	−0.027 5*	−0.070 2*
		(0.13)	(−1.46)	(−0.48)	(−0.63)	(−1.26)
odi * time		0.070 8*	0.130 3**	0.104 1*	0.098 5*	0.133 5**
		(0.41)	(2.28)	(0.67)	(1.30)	(1.38)
ln TFP			−3.282 1***	−4.755 3***	−4.379 9***	−2.796 7***
			(−27.35)	(−14.73)	(−28.33)	(−11.77)
ln export			0.009 5***	0.012 9***	0.002 4*	0.016 1***
			(9.41)	(4.77)	(1.77)	(8.92)
K/L			−0.000 1***	−0.000 6***	−0.000 8***	−0.000 1***
			(−19.10)	(−11.96)	(−28.17)	(−12.15)
ln wage			0.513 9***	0.403 4***	0.473 5***	0.559 9***
			(76.63)	(22.73)	(54.39)	(43.81)
ln value			0.396 9***	0.564 8***	0.568 1***	0.340 9***
			(27.64)	(14.94)	(30.07)	(11.88)
size			−0.433 1***	−0.525 7***	−0.445 3***	−0.320 6***
			(−30.70)	(−15.11)	(−24.26)	(−12.16)
年份控制	NO	NO	YES	YES	YES	YES
地区控制	NO	NO	YES	YES	YES	YES
常数项	5.697 7***	5.697 7***	5.514 9***	8.112 5***	6.599 7***	4.432 5***
	(329.46)	(329.46)	(35.61)	(19.20)	(33.31)	(14.83)
N	10 141	10 141	10 141	1 374	5 097	2 954
调整后的 R^2	0.05	0.05	0.90	0.91	0.93	0.89

注:被解释变量为企业就业人数。***、** 和 * 分别表示 1%、5% 和 10% 水平上显著。

不同技术水平的企业就业人数的差距是本章关注的重点。列(4)至(6)的结果表明,企业是否参与对外直接投资是影响其就业水平的重要因素。odi * time 的系数都为正,说明对处在任何技术水平上的企业而言,对外直接投资都显著增加了其在母国市场上的就业,这与全体样本的回归结果一致。但对外直接投资对企业就业水平影响的具体效果不一致,对高技术和低技术企业就业水平的影响更明显,对中等技术企业的提升相对较小,说明我国企业对外直接投资对我国劳动力市场就业的影响存在"极化"的趋势。对这种现象的一个解释是,专业化生产导致出现就业层次分割。就业层次分化往往伴随生产专业化发生,技术专业化导致高技术企业密集使用高技术劳动力,低技术企业密集使用低技术劳动力,但既使用高技术劳动力又使用低技术劳动力的企业越来越少(Kremer et al,1996,2006)。我国对外投资同样存在有偏向的技术选择。我国对外直接投资的企业很大比例可分为两种类型,一是企业技术水平较高,已具备较强的国际竞争力,国内市场已不能满足企业发展的需要,因而主动"走出去"参与国际竞争,这类对外直接投资通常对高技术劳动者需求较多,如海尔、华为;二是企业本身技术水平较低,多通过价格、数量竞争取胜,为追寻资源、能源或市场,以海外并购等方式"走出去",这类企业的对外直接投资会增加对国内低技术劳动力的需求。

5.3 区分目的国和所有制的进一步估计

5.3.1 基于"一带一路"沿线国家的考察

作为政府提出的优化经济发展空间格局的重大战略,"一带一路"对于我国进一步融入世界经济体系、强化与周边国家经济合作,乃至新的全球经济政治格局都有重要的影响。而在已经表态支持"一带一路"的沿线 50 多个国家中,既有大国,也有小国;既有发达国家,也有大量的发展中国家。各国在经济发展水平、工业化、城市化进程等方面存在很大差异,但反过来也在资源、技术、资金等方面存在很大的互补性。国家之间的差异性与互补性对企业"走出去"的经济效应产生很大影响。尤其是,如果企业对外投资过程中能借助"一带一路"倡议配套下的融资平台、高层次协商机制以及国家出台的优惠政策,就为获取更大的经济利益提供了可能,最终也会对国内市场就业产生影响。

为了验证投资目的国的异质性因素,我们在本节区分投资目的国是"一带一路"参与国和非"一带一路"参与国,以进一步明晰企业对外直接投资对国内就业的影响。具体的回归结果汇总在表5-4中,列(1)就全体样本在原回归方程中加上 odi * yd,结果显示,其他变量无论是显著性还是系数都没有发生根本性改变,odi * yd 的系数为正,且在10%的水平上显著,说明相对于非"一带一路"国家,企业对"一带一路"国家的投资能显著增加本国的就业水平。列(2)至(4)是对企业按技术水平分类的回归结果,其中高技术企业和中等技术企业的 odi * yd 的系数为正,说明这两类企业对"一带一路"国家的投资能提高其国内就业水平;低技术企业的系数不显著,说明低技术企业对"一带一路"沿线国家和非"一带一路"沿线国家投资对国内就业没有显著影响。企业对"一带一路"沿线国家和非"一带一路"沿线国家投资在就业效应上的差异,说明企业对"一带一路"沿线国家的对外直接投资有利于缓解我国劳动力市场中的就业"极化"。

表5-4 区分"一带一路"沿线国家的回归结果

	总体	高技术	中等技术	低技术
	(1)	(2)	(3)	(4)
odi	0.026 0*	0.037 2	0.006 9	0.042 4*
	(1.91)	(1.14)	(0.38)	(1.72)
time	−0.047 3*	−0.038 0*	−0.025 6	−0.070 9
	(−1.44)	(−0.42)	(−0.59)	(−1.27)
odi * time	0.117 6**	0.052 1*	0.075 7*	0.149 1
	(2.04)	(0.33)	(0.99)	(1.52)
odi * yd	0.013 2*	0.052 2**	0.021 5*	−0.015 3
	(1.46)	(2.19)	(1.80)	(−1.04)
ln TFP	−3.280 4***	−4.764 1***	−4.371 6***	−2.793 2***
	(−27.34)	(−14.78)	(−28.27)	(−11.76)
ln export	0.009 5***	0.012 6***	0.002 5*	0.016 1***
	(9.43)	(4.68)	(1.85)	(8.94)
K/L	−0.000 1***	−0.000 6***	−0.000 8***	−0.000 1***
	(−19.09)	(−11.92)	(−28.20)	(−12.14)
ln wage	0.513 9***	0.404 6***	0.473 3***	0.559 9***
	(76.63)	(22.81)	(54.39)	(43.81)
ln value	0.396 8***	0.567 1***	0.567 2***	0.340 4***
	(27.63)	(15.01)	(30.01)	(11.86)
size	−0.433 5***	−0.522 0***	−0.446 8***	−0.320 4***
	(−30.72)	(−15.00)	(−24.32)	(−12.16)

续表

	总体	高技术	中等技术	低技术
	(1)	(2)	(3)	(4)
年份	YES	YES	YES	YES
地区	YES	YES	YES	YES
常数项	5.512 6***	8.089 3***	6.595 5***	4.430 9***
	(35.60)	(19.16)	(33.30)	(14.82)
N	10 141	1 374	5 097	2 954
调整后的 R^2	0.90	0.91	0.93	0.88

5.3.2 基于高、低收入国家的考察

投资东道国的经济发展水平会对企业就业产生不同的效果。就发达国家的经验来说,企业在对经济发展程度不同的国家投资时会选择不同的投资方式,因为发达国家之间的投资主要以市场寻求型的水平投资为主,因而可能对本国就业产生"挤出"效用。但对发展中国家的投资主要以效率改进的垂直型投资为主,垂直产业间的联动关系会进一步增加对本国的就业。我国作为当今世界上最大的发展中国家,无论在投资主体还是投资方式选择上都有自己的特殊性。首先,作为赶超型的发展中国家,我国对发达国家的投资中水平型投资有限,更多的是商贸服务投资。这种投资降低企业出口成本,扩大对发达国家的出口,出口增加能进一步刺激国内就业,因而我国对发达国家的投资可能增加本国就业水平。但对于发展中国家而言,由于我国企业可能存在一定的特定优势,因而投资方式既有水平型投资,也有垂直型投资。这种复合型的投资组合对国内劳动力市场就业的影响是不确定的,因而值得进一步研究。

本章通过在计量模型中添加 odi * income 的交互项来判断投资东道国的经济发展水平对企业内部就业水平的影响,回归结果汇总在表 5-5 中①。列(1)是对全体样本的回归结果,odi * income 的系数为负,且在 5% 的水平上显著,说明企业对发达国家的对外直接投资确实降低了我国总体的就业水平。这与发达国家的经验一致,说明 2005 年以后,我国对外直接投资不仅规模迅速扩张,在技术水平上也在不断提升,改变了传统分工模式下我国与发达国家单一的垂直化分工体系,对发达国家的投资很多也集中在水平型投

---

① 根据世界银行 2008 年收入水平划分,收入低于 975 美元的为低收入国家,975~3 855 美元为中等收入国家,3 855~11 906 美元为中等偏上收入国家,高于 11 906 美元为高收入国家。我们按照此分类方法,将高收入国家分为一类,其余国家为中低收入国家。

资上,这种投资在一定程度上会对国内产业发展产生"挤出"效应,加剧国内的产业"空心化"趋势,进而减少对本国劳动力的需求。但就不同技术水平的企业而言,对不同发展水平的东道国投资对国内企业就业造成了不同的影响:高技术企业和低技术企业对发达国家投资并没有对本国就业水平产生显著的影响;中等技术水平企业对发达国家的投资则明显降低了国内的就业水平。这些都说明对发达国家的投资一定程度上加剧了国内劳动力市场就业的"极化"趋势。对于这种结果可能的解释是,一方面,我国企业的技术水平总体上处于上升阶段,因而在某些领域能参与到发达国家的市场竞争中。但另一方面,我们也应该看到,我国在高技术领域依然同发达国家存在很大差距,短期内难以改变固有的国际分工模式。同时,中等技术产业发展产生对低技术产业的替代作用,促使一部分中等技术工人从事以前低技术工人从事的工作环节。

表 5-5 区分高、低收入国家的回归结果

	总体	高技术	中等技术	低技术
	(1)	(2)	(3)	(4)
odi	0.058 6***	0.044 1	0.062 1**	0.079 0**
	(3.11)	(0.92)	(2.53)	(2.33)
time	−0.048 5	−0.043 3	−0.029 0	−0.070 0
	(−1.48)	(−0.48)	(−0.67)	(−1.26)
odi * time	0.132 4**	0.105 2	0.101 6	0.135 1
	(2.32)	(0.68)	(1.34)	(1.40)
odi * income	−0.050 6**	−0.009 7	−0.089 1***	−0.055 7
	(−2.50)	(−0.19)	(−3.33)	(−1.57)
ln TFP	−3.282 0***	−4.758 0***	−4.375 8***	−2.795 1***
	(−27.36)	(−14.72)	(−28.33)	(−11.77)
ln export	0.009 6***	0.012 9***	0.002 8**	0.016 0***
	(9.54)	(4.78)	(2.07)	(8.89)
K/L	−0.000 1***	−0.000 6***	−0.000 8***	−0.000 1***
	(−19.08)	(−11.95)	(−28.24)	(−12.13)
ln wage	0.513 9***	0.403 6***	0.472 8***	0.560 3***
	(76.65)	(22.70)	(54.36)	(43.84)
ln value	0.397 0***	0.565 1***	0.567 8***	0.340 6***
	(27.65)	(14.93)	(30.08)	(11.88)
size	−0.433 1***	−0.525 1***	−0.447 6***	−0.320 0***
	(−30.71)	(−15.01)	(−24.39)	(−12.15)

续表

	总体	高技术	中等技术	低技术
	(1)	(2)	(3)	(4)
年份	YES	YES	YES	YES
地区	YES	YES	YES	YES
常数项	5.5116***	8.1122***	6.6007***	4.4250***
	(35.60)	(19.19)	(33.35)	(14.80)
N	10 141	1 374	5 097	2 954
调整后的 R^2	0.90	0.91	0.93	0.88

5.3.3 基于不同所有制企业的估计

不同所有制企业的对外直接投资动机存在很大的差异。从 2005 年开始，国有企业投资逐年增长，投资规模也越来越大。但与民营企业追求相对较高的投资回报相比，国有企业对外投资更看重规模扩张，盲目性较大。同时，国有企业"走出去"更多依靠的是行政力量，企业没有与对外投资配套的跨国管理模式和风险评估机制，因而面临的风险较大。就目前的情况来看，国有企业"走出去"的成功案例也并不多。与之相比，民营企业海外投资通常都更有针对性，投资动机更加市场化，因而能够利用对外直接投资来整合生产要素，并利用国外先进的生产技术提升企业的生产率。不同所有制企业对外直接投资的绩效差异，自然而然让我们产生疑问，不同所有制对外直接投资对国内市场就业造成的影响也存在差异，这种影响对处于不同技术水平的企业有何差异？

为了回答这个问题，我们在原计量模型中加入 odi * syz 的交互项（syz1 表示企业是否是国有企业，syz2 表示企业是否是外资企业）。表 5-6 中列（1）至（3）是对国有企业的回归结果，表明对低技术国有企业而言，对外直接投资提高了劳动力市场就业水平，中等技术国有企业对外投资则降低了国内就业水平，高技术国有企业对外投资对国内就业没有显著影响，进一步说明国有企业对外投资加剧了劳动力的低技术"极化"趋势。造成这种现象的一个重要原因是国有企业承担的社会责任与私营企业存在巨大差异。中国作为劳动力充裕的发展中大国，就业目标与经济增长同等重要。为了实现就业目标，国有企业被迫承担了大量的冗员和政策性负担，从而面临预算软约束和道德风险损失，最终阻碍了企业效率（林毅夫，1997；林毅夫 等，2004）。国有企业在就业方面的政策性负担的一个突出表现是为了达到国家整体的宏观就业目标，国有企业吸收了很多冗杂劳动力，这些劳动力加入对国有企业整体生产率提升的作用不大，同时会造成对企业有限资源的"挤出"，如研发资金、技术投入等。这些因素导致低技术国有企业对外投资方式单一，投资动机也多集中在扩大生产规模，获取国外资源、能源、市场上。因而，低技术国有企业通过对外投资规模扩大能迅速增加国内就业水平。

对外资企业而言，我们发现了完全不同的趋势：低技术外资企业对外投资降低了国内的就业水平，中、高技术水平企业对外投资的就业没有明显影响。这说明外资企业对外直接投资在一定程度上降低了劳动力"极化"趋势。企业对外直接投资一方面通过直接效应影响国内就业规模，另一方面通过竞争效应间接影响劳动力市场就业。但无论是直接效应还是间接效应，都同时存在两种相反的作用机制：一是企业内部可能因为"干中学"提升企业技术水平，导致技术进步的劳动节约效应产生。同时，企业可能因为对外投资开展新的业务，导致生产规模扩张，从而产生企业内劳动创造效用。二是企业"走出去"与国外企业竞争，可能因为技术溢出和劳动替代而对就业市场产生完全不同的影响。列(4)至(6)的结果表明，我国低技术外资企业对外投资对国内就业主要以替代和"挤出"为主，中、高技能企业对外投资对就业的影响机制不确定。

表 5-6 区分所有制的回归结果

	高技术	中等技术	低技术	高技术	中等技术	低技术
	(1)	(2)	(3)	(4)	(5)	(6)
odi	0.035 3	0.012 5	0.030 1	0.051 6	0.012 0	0.085 3***
	(1.07)	(0.68)	(1.22)	(1.42)	(0.61)	(3.12)
time	−0.043 4	−0.026 7	−0.070 9	−0.044 4	−0.027 7	−0.070 2
	(−0.48)	(−0.61)	(−1.28)	(−0.50)	(−0.64)	(−1.26)
odi * time	0.105 6	0.101 3	0.137 9	0.104 4	0.098 0	0.136 6
	(0.68)	(1.34)	(1.43)	(0.67)	(1.29)	(1.41)
odi * syz1	0.063 9	−0.112 2**	0.433 2***			
	(0.47)	(−2.09)	(4.01)			
odi * syz2				−0.046 1	−0.020 2	−0.122 7***
				(−0.88)	(−0.67)	(−3.58)
ln TFP	−4.750 9***	−4.384 9***	−2.755 9***	−4.754 0***	−4.376 5***	−2.730 2***
	(−14.71)	(−28.37)	(−11.62)	(−14.72)	(−28.29)	(−11.48)
ln export	0.012 9***	0.002 3*	0.016 2***	0.013 1***	0.002 4*	0.016 6***
	(4.79)	(1.71)	(8.99)	(4.83)	(1.82)	(9.21)

续表

	高技术	中等技术	低技术	高技术	中等技术	低技术
	(1)	(2)	(3)	(4)	(5)	(6)
K/L	−0.000 6***	−0.000 8***	−0.000 1***	−0.000 6***	−0.000 8***	−0.000 1***
	(−11.97)	(−28.18)	(−12.19)	(−11.97)	(−28.13)	(−12.09)
ln wage	0.402 7***	0.475 0***	0.560 6***	0.403 9***	0.473 7***	0.561 1***
	(22.60)	(54.40)	(43.97)	(22.74)	(54.37)	(43.98)
ln value	0.564 6***	0.568 6***	0.337 3***	0.564 4***	0.567 7***	0.333 6***
	(14.93)	(30.10)	(11.78)	(14.93)	(30.03)	(11.63)
size	−0.526 6***	−0.444 3***	−0.314 8***	−0.524 4***	−0.444 5***	−0.321 1***
	(−15.11)	(−24.21)	(−11.96)	(−15.06)	(−24.17)	(−12.21)
年份	YES	YES	YES	YES	YES	YES
地区	YES	YES	YES	YES	YES	YES
常数项	8.112 3***	6.593 1***	4.360 7***	8.103 0***	6.591 8***	4.351 1***
	(19.19)	(33.29)	(14.60)	(19.17)	(33.21)	(14.54)
N	1 374	5 097	2 954	1 374	5 097	2 954
调整后的 R^2	0.906 5	0.925 2	0.882 2	0.906 5	0.925 2	0.882 1

5.4 小　　结

对于中国劳动力市场就业极化现象的解释,学者多从行业特征和劳动力自身特征入手,忽视了就业载体企业行为对该现象的影响,尤其是企业国际化活动会显著影响国内劳动力就业变动。对此,本章利用2005—2007年中国工业企业数据与商务部境外直接投资企业数据匹配,基于倍差法实证检验了对外直接投资的就业极化效应。研究发现,首先,总体来看,对外直接投资均显著增加了其在母国市场上的就业,且在不同行业的回归结果一致。但对外直接投资对企业就业水平影响程度具有显著差异,对高技术和低技术企业就业水平的影响更明显,对中等技术企业的提升相对较小,说明我国企业对外直接投资对我国劳动力市场就业的影响存在"极化"的趋势。其次,对"一带一路"沿线国家和非"一带一路"沿线国家的研究也发现,企业对"一带一路"沿线国家和非"一带一路"沿线国家投资在就业效应上存在明显差异,说明企业对"一带一路"沿线国家的对外直接投资有利于缓解我国劳动力市场中的就业"极化"。再次,高技术企业和低技术企业对发达国家投资并没有对本国就业水平产生显著的影响；中等技术水平企业对发达国家的投资则明显降低了国内的就业水平。上述结论表明对发达国家的投资一定程度上加剧了国内劳动力市场就业的"极化"趋势。最后，对低技术国有企业而言，对外直接投资提高了劳动力市场就业水平，中等技术国有企业对外投资则降低了国内就业水平，高技术国有企业对外投资对国内就业没有显著影响，进一步说明国有企业对外投资加剧了劳动力的低技术"极化"趋势。而对外资企业的研究则发现了完全不同的趋势，即低技术外资企业对外投资降低了国内的就业水平，中、高技术水平企业对外投资对就业没有明显影响，表明外资企业对外直接投资在一定程度上降低了劳动力"极化"趋势。

在中国企业"走出去"步入新常态和劳动力市场就业压力持续加大的背景下，上述结论具有丰富的政策含义。第一，在加快推进"一带一路"倡议的同时，鼓励中国企业"走出去"。进一步扩大中国企业对发达经济体的对外投资，使其充分发挥自身的比较优势。第二，积极引导对"一带一路"沿线国家和地区投资产业选择。当前我国钢铁、水泥、玻璃、煤化工、多晶硅、风电设备等行业存在产能过剩问题，国际经验表明化解过剩产能的一个最直接手段是国际生产转移。我国与"一带一路"沿线国家和地区存在产业极差，鼓励企业将低端行业转移至中亚、南亚、东南亚等相对落后的地区消化过剩产能，促进产业结构调整。同时可以将一些优势产业向到欧洲发达地区扩散，从而达到技术升级和获取销售渠道的目的。在企业"走出去"过程中，要区分发达国家（或高收入国家）、发展中国家（或中低收入国家）的差异，为企业"走出去"的目的国选择提供信息、政策支持。第三，协调区域发展，促进东部沿海地区产业向中西部地区转移。中西部地区要加大基础设施建设，完善配套设施，积极承接东部沿海地区产业转移，带动本地就业增长。同时，在"一带一路"倡议下，借助东部地区服务业外资开放的有益经验，积极鼓励和引导外资向中西部地区流动，并推动中西部地区企业"走出去"充分发挥企业国际化对就业结构的改善作用，着力缓解长期以来剩余劳动力外流和服务业发展滞后给地方经济社会发展带来的拖累。第四，要重点关注中国劳动力市场的就业极化现象，积极释放企业"走出去"对母国就业结构调节的正向效应，缓解中等技能劳动力就业状况恶化的极化现象。在着力推动中高技术企业"走出去"的同时，尽量避免由于产业国际转移所导致的就业替代效应，平衡不同技术行业对外直接投资对就业性别结构和技能结构的影响作用。既要考虑中、高技术行业对外直接投资对就业结构的影响作用，也要推动具备产业基础和国际竞争力的高技术企业"走出去"，优化就业的技能结构。同时，支持创业带动就业，增加就业岗位途径的同时，积极引导和带动我国创新创业的发展，推进产业结构升级；将创新创业与产业结构调整有机结合，释放其对劳动力市场就业的改善作用，着力解决结构性就业问题，促进就业结构的合理配置。

第6章 中国企业"走出去"影响工资极化的实证分析

劳动力市场问题主要包括就业和工资两个方面,第5章着重研究了企业"走出去"与就业极化的问题,研究结论表明企业对发达国家的投资一定程度上加剧了国内劳动力市场就业的"极化"趋势。本章进一步讨论中国企业"走出去"与工资极化之间的关系,试图较为全面地解释企业"走出去"对劳动力市场的影响。

6.1 中国企业"走出去"影响工资极化的模型构建与数据说明

6.1.1 计量模型构建

基于国内外相关研究和微观个人数据样本的特点,我们将行业层面的 OFDI 数据匹配至个人层面,并借鉴经典的明瑟工资方程(Mincer,1974)以考察 OFDI 对个体工资水平的影响。计量模型设定如下:

$$\ln wage_{ij} = \alpha + \beta_1 \ln OFDI_j + \beta_2 X_{ij} + \beta_3 Z_j + \varepsilon_{ij} \tag{6-1}$$

式中,i 表示个体,j 表示个体所在的行业。被解释变量 $\ln wage_{ij}$ 表示行业 j 中个体 i 的小时工资的对数,是根据问卷调查中每周工作小时数和每月平均工资计算得到的,以避免每月平均工资指标中存在的"同工不同时"的缺陷。本章核心解释变量 $\ln OFDI_j$ 表示行业 j 对外直接投资的存量或流量的对数。此外 X_{ij} 为可能影响到工资水平的个人层面的控制变量,主要包含年龄、受教育程度、工作经验、性别、婚姻状况、职业、所在地区和个人所属企业的所有制以及规模大小等。Z_j 为行业层面的控制变量,包含行业产值和行业就业人数。由于我们是将宏观行业层面的 OFDI 匹配至微观个人层面,因此个人层面的工资水平反向影响行业对外直接投资的可能性较小。但考虑到行业变量和个人工资可能同时受到同期外部冲击的影响,因此采用 Ebenstein 等

(2009)和蔡宏波等(2015)的做法,将所有行业层面变量(包括 OFDI)的滞后一期引入式(6-1),以减轻可能存在的内生性问题。

6.1.2 数据说明与描述性统计

本章使用到的我国各行业对外直接投资数据均来自商务部和国家统计局编制的《中国对外直接投资统计公报》。微观个人数据主要来自中国家庭收入调查(CHIP)数据库。中国家庭收入调查是由来自北京师范大学、澳大利亚国立大学的学者发起的,并得到国家统计局和德国劳动研究所的支持。数据内容包括住户个人层面的基本信息、就业信息,以及家庭层面的基本信息、主要收支信息和一些专题性问题。由于《中国对外直接投资统计公报》中只含有 2003 年以后的我国对外直接投资数据,因此我们选取了 2007 年、2008 年和 2013 年的中国家庭收入调查数据库中城镇住户调查数据样本。此外其他的行业层面数据来自《中国统计年鉴》。

通过统计分析,表 6-1 给出了按技能和性别分组的个体收入差异。从全样本中我们可以看出个体工资的均值约为每小时 16.59 元,同时高技能个体小时工资约为 21.89 元,要高于低技能个体工资,男性个体小时工资约为 18.43 元,也要高于女性个体工资。图 6-1 和图 6-2 的分技能和分性别的核密度分布图中高技能组和男性组的分布曲线整体上分别位于低技能组和女性组的右侧。同时从表 6-1 中可以看出高技能组和男性组的方差也分别高于低技能组和女性组。这些表明尽管高技能个体和男性个体在劳动力市场上获得了较高的工资水平,但收入分配不均等程度也相对较高。

表 6-1 分组的个体收入差异

小时工资/元	均值	方差	p90-p10	p90-p50	p50-p10	占比
全样本	16.594 48	20.029 36	26.607 14	18.75	7.857 143	70.469 8%
高技能	21.886 15	23.139 61	31.607 14	21.645 02	9.962 12	68.481 4%
低技能	14.453 91	18.192 84	22.021 14	15.756 55	6.264 584	71.551 9%
男性	18.433 25	21.257 8	28.882 57	20.202 02	8.680 555	69.945 4%
女性	14.227 52	18.055 63	21.875	15.711 09	6.163 912	71.822 1%

注:根据 2007 年、2008 年和 2013 年 CHIP 城镇调查数据筛选后的样本计算整理得到。

为了进一步看出各样本组中收入分布的情况,我们也列出了各样本组中第 90 分位点、第 50 分位点和第 10 分位点三者之间的差异情况。从全样本组中我们可以看出在全样本中第 90 分位点的收入水平同第 10 分位点的收入水平的差距约为 26.6 元,第 90 分位点的收入水平同第 50 分位点的收入水平的差距约为 18.75 元,而第 50 分位点的收入水平同第 10 分位点的收入水平的差距约为 7.86 元,其中中、高分位点(p90－p50)的收入差距占总体(p90－p10)收入差距的 70.47%,其他分组中也有类似的结论。

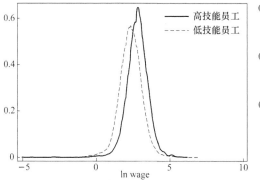
图 6-1 分技能的劳动力工资核密度分布

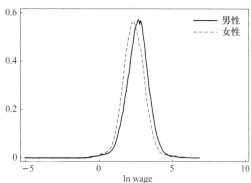
图 6-2 分性别的劳动力工资核密度分布

表 6-2 分年份展示了平均工资水平、高低技能收入差距和性别收入差距。从表 6-2 全样本中我们可以看出 2007—2013 年我国员工个体的收入水平不断提高,由 2007 年的每小时约 14.11 元上升到了 2013 年的每小时 18.16 元。同时我们也可以看出 2007 年高技能个体的平均工资约为 18.08 元,高出低技能个体平均工资 5.54 元,并且高低技能工资差距不断扩大,至 2013 年高低技能工资差距约为每小时 8.96 元。此外从表 6-2 中我们也可以看出性别工资差距也由 2007 年的每小时 3.96 元逐渐扩大至 2013 年的每小时 4.44 元。

表 6-2 分年份的收入差距

小时工资/元	全样本	高技能	低技能	技能收入差距	男性	女性	性别收入差距
2007 年	14.11	18.08	12.54	5.54	15.83	11.87	3.96
2008 年	16.87	21.86	14.67	7.19	18.68	14.53	4.15
2013 年	18.16	24.61	15.65	8.96	20.10	15.67	4.43

注:根据 2007 年、2008 年和 2013 年 CHIP 城镇调查数据筛选后的样本计算整理得到。

为了研究我国对外直接投资对个体收入水平和收入差距的影响,我们将行业层面的对外直接投资数据匹配至个体层面,表 6-3 展示了各主要变量的统计性描述。样本总数为 20 001 人,其中男性约占 56%,女性约占 44%。另外,根据企业员工数是否超过 100 人和 1 000 人,我们将企业划分为大型规模企业、中型规模企业和小型规模企业。

表 6-3 主要变量的描述性统计

变量名称	均值	标准差	最小值	最大值
小时工资(对数)	2.47	0.79	−5.08	6.91
OFDI 存量(对数)	13.16	2.33	5.91	16.79
OFDI 流量(对数)	11.44	2.42	4.32	14.81
年龄	39.48	9.68	18.00	60.00
女性	0.44	0.50	0.00	1.00
已婚	0.88	0.32	0.00	1.00
受教育年限	11.85	3.34	0.00	35.00
工作经验	11.34	10.21	0.00	41.00
国有企业	0.34	0.50	0.00	1.00
企业规模(中)	0.27	0.45	0.00	1.00
企业规模(大)	0.13	0.34	0.00	1.00
行业就业人数(对数)	6.37	1.30	4.03	8.57
行业产值(对数)	9.86	1.16	7.01	12.08

注：根据原始数据计算整理得到。

6.2 中国企业"走出去"影响工资极化的实证分析

6.2.1 基准回归

表 6-4 展示了计量模型基准回归结果。为了检验结论的稳健性,我们同时用到了对外直接投资的存量和流量,其中模型(1)中的核心解释变量为行业对外直接投资的存量,而模型(2)中的核心解释变量为行业对外直接投资的流量。从中我们可以看出行业对外直接投资存量的系数为正的 0.022 5,并且在 1% 的水平上显著为正,即行业对外直接投资存量每增加 1%,个人工资水平上升 0.022 5%。另外,行业对外直接投资流量的系数也为正的 0.023 3,并且也在 1% 的水平上显著为正,即行业对外直接投资流量每增加 1%,个人工资水平上涨 0.023 3%。因此,从模型(1)和模型(2)的结果中可以发现,我国对外直接投资促进了我国工资水平的提高。

表 6-4 基准回归结果

	(1) ln wage	(2) ln wage
OFDI 存量(对数)	0.022 5***	
	(7.92)	
OFDI 流量(对数)		0.023 3***
		(8.42)
年龄	−0.006 3***	−0.006 2***
	(−9.64)	(−9.53)
女性	−0.200 3***	−0.200 9***
	(−20.48)	(−20.33)
已婚	0.185 1***	0.184 6***
	(11.06)	(10.92)
受教育年限	0.052 5***	0.052 6***
	(31.15)	(30.89)
工作经验	0.012 2***	0.012 1***
	(21.05)	(20.62)
工作经验平方项	−0.000 006***	−0.000 006***
	(−20.83)	(−20.41)
行业就业人数(对数)	0.082 8***	0.078 4***
	(10.02)	(9.70)
行业产值(对数)	−0.106 5***	−0.104 4***
	(−10.09)	(−10.07)
国有企业	0.040 4***	0.038 6***
	(3.58)	(3.38)
企业规模(中)	0.071 4***	0.071 4***
	(6.25)	(6.17)
企业规模(大)	0.139 7***	0.138 8***
	(9.12)	(8.97)
职业固定效应	是	是
省份固定效应	是	是
时间固定效应	是	是
常数项	2.353 8***	2.386 4***
	(32.87)	(32.97)
样本数	20 001	19 684
调整的 R^2	0.31	0.31

注：表中 *、**、*** 分别表示在 10%、5%、1% 的水平上统计显著,括号内为 t 值。

另外，我们看到模型(1)和模型(2)中女性的系数显著为负，这说明在其他因素相同的情况下，女性工资要显著低于男性工资，即我国劳动力市场存在着明显的性别歧视现象，李实等(2014)的研究也发现了这一现象。模型(1)和模型(2)中已婚的系数都显著为正，说明已婚个人相对于未婚个人具有更高的工资，这可能是因为婚姻增加人们的家庭责任感，使得已婚个人在工作上更加努力，从而获取了更高的工资。在模型(1)和模型(2)中受教育年限的系数也都显著为正，说明个人的受教育程度越高，学习能力越强，工作效率也越高，取得的工资水平也就更高。我们还看到模型(1)和模型(2)中工作经验的平方项系数显著为负，说明工作经验对工资的影响呈现倒 U 形的关系，即随着工作经验的不断丰富，熟练程度的不断提高，开始会提高工资水平，但当工龄达到一定程度，工作年限进一步提高时，员工接受新知识的能力下降，工资随着工龄的增加而下降。此外，值得我们关注的是在模型(1)和模型(2)中国有企业的系数都在 1% 的显著性水平上显著为正，这说明在性别、受教育年限和工作经验等其他因素相同的情况下，相对于非国有企业的员工，国有企业的员工能够获取更高的工资，即我国存在着国有企业工资溢价的现象，这一发现同陆正飞等(2012)的研究结果相一致。在模型(1)和模型(2)中企业规模的系数也都显著为正，并且大型企业规模系数要大于中型企业规模的系数，这说明企业规模越大，员工的工资水平也越高。这可能是因为企业规模越大，企业的垄断定价能力也越强，能够获取更多的利润，从而员工的工资水平也越高。

6.2.2　不同技能分组的回归分析

为考察到我国对外直接投资对高低技能员工收入水平影响的差异，我们按照个人受教育年限将样本分为高技能组和低技能组。由于我国取得大专及其以上文凭需要 15 年，我们按照受教育年限是否高于 15 年，将样本划分为高技能组和低技能组，用以考察对外直接投资对高、低技能员工收入水平的影响是否存在差异。表 6-5 展示了分高、低技能的回归结果。从表 6-5 的模型(1)到模型(4)中我们可以看出，无论是存量还是流量，高、低技能组中的行业对外直接投资系数都在 1% 的水平上显著为正，说明我国对外直接投资既显著地促进了高技能员工工资水平的提升，又显著地促进了低技能员工工资水平的提升。更值得关注的是，我们发现对于对外直接投资的存量，高技能组的行业对外直接投资系数为 0.026 4，要大于低技能组的对外直接投资系数，即对外直接投资存量每增加 1%，高技能员工工资平均上涨 0.026 4%，而低技能员工工资仅平均上涨 0.018 1%。这说明尽管我国对外直接投资显著提高了高技能员工和低技能员工的工资，但我国对外直接投资对高技能员工工资水平和低技能员工工资水平的提升作用存在差异。

表 6-5 分高、低技能回归结果

	(1)高技能 ln wage	(2)低技能 ln wage	(3)高技能 ln wage	(4)低技能 ln wage
OFDI存量(对数)	0.026 4***	0.018 1***		
	(5.28)	(5.22)		
OFDI流量(对数)			0.028 1***	0.018 6***
			(5.59)	(5.59)
年龄	−0.000 006	−0.006 4***	−0.000 09	−0.006 4***
	(−0.00)	(−8.60)	(−0.06)	(−8.48)
女性	−0.155 8***	−0.215 7***	−0.157 2***	−0.215 6***
	(−8.84)	(−18.39)	(−8.77)	(−18.25)
已婚	0.190 6***	0.206 0***	0.190 1***	0.204 7***
	(7.89)	(8.72)	(7.74)	(8.61)
受教育年限	0.015 5***	0.050 0***	0.015 4***	0.050 3***
	(3.49)	(18.53)	(3.43)	(18.49)
工作经验	0.008 8***	0.012 3***	0.008 8***	0.012 2***
	(5.91)	(19.21)	(5.81)	(18.84)
工作经验平方项	−0.000 004***	−0.000 006***	−0.000 004***	−0.000 006***
	(−6.08)	(−18.68)	(−5.97)	(−18.32)
行业就业人数(对数)	0.060 6***	0.093 3***	0.057 5***	0.090 0***
	(3.95)	(9.49)	(3.83)	(9.30)
行业产值(对数)	−0.088 7***	−0.112 6***	−0.088 9***	−0.110 9***
	(−4.65)	(−8.91)	(−4.71)	(−8.94)
国有企业	−0.018 2	0.073 4***	−0.019 5	0.070 9***
	(−0.91)	(5.38)	(−0.95)	(5.16)
企业规模(中)	0.106 5***	0.055 1***	0.108 8***	0.054 1***
	(5.43)	(3.95)	(5.45)	(3.85)
企业规模(大)	0.179 3***	0.125 4***	0.179 9***	0.124 2***
	(6.89)	(6.66)	(6.80)	(6.55)
职业固定效应	是	是	是	是
省份固定效应	是	是	是	是
时间固定效应	是	是	是	是
常数项	2.763 6***	2.325 8***	2.805 4***	2.352 0***
	(21.28)	(25.74)	(21.17)	(25.66)
样本数	5 657	14 344	5 519	14 165
调整的R^2	0.26	0.27	0.26	0.267

注：表中*、**、***分别表示在10%、5%、1%的水平上统计显著,括号内为 t 值。

另外,从模型(1)至模型(4)我们也发现,无论高技能组还是低技能组,回归结果中女性的系数都显著为负,说明无论对于高技能组还是低技能组都存在着性别歧视现象。但需要注意的是,无论是对外直接投资的存量还是对外直接投资的流量,高技能组中的女性系数(绝对值)都要小于低技能组中的女性系数(绝对值),这说明相对于高技能组,低技能组存在着更严重的性别歧视。

6.2.3 考虑内生性的回归分析

由于我们是将宏观行业层面的 OFDI 匹配至微观个人层面,个人层面的工资水平反向影响行业对外直接投资的可能很小,所以很大程度上减轻了计量模型的内生性问题(Hering et al,2010)。同时我们也考虑到行业变量和个人工资可能同时受到同期外部冲击的影响,为了进一步减轻模型可能存在的内生性问题,我们将所有行业层面变量(包括 OFDI)的滞后一期引入计量模型中。为了考察行业滞后变量对内生性问题的解决能力,本章借鉴蔡宏波等(2015)的思路,选取滞后两期或三期的行业 OFDI 作为行业 OFDI 的工具变量,以检验行业 OFDI 的外生性。表 6-6 展示了行业 OFDI 存量和 OFDI 流量的各组别 2SLS 的回归结果和 DWH 的检验 P 值。DWH 的检验 P 值显示不拒绝行业 OFDI 为外生变量的原假设。在模型不存在内生性问题时,OLS 回归结果要优于 2SLS 的回归结果。因此我们由表 6-4 至表 6-6 得出的结论稳健可靠。

表 6-6 考虑内生性的回归

组别	行业 OFDI 存量			行业 OFDI 流量		
	OLS 系数	2SLS 系数	DWH 检验 P 值	OLS 系数	2SLS 系数	DWH 检验 P 值
全体	0.022 5***	0.024 0***	0.925 5	0.023 3***	0.023 4***	0.608 8
低技能	0.018 1***	0.019 1***	0.614 6	0.018 6***	0.017 8***	0.140 2
高技能	0.026 4***	0.027 8***	0.822 0	0.028 1***	0.027 6***	0.659 2
男性	0.025 6***	0.027 5***	0.936 3	0.027 1***	0.028 4***	0.957 0
女性	0.019 2***	0.020 60***	0.993 9	0.019 3***	0.018 9***	0.567 3

注:表中*、**、***分别表示在 10%、5%、1%的水平上统计显著。

6.3 考虑异质性的拓展研究

6.3.1 区分制造业和服务业的回归分析

由于截至 2015 年我国对外直接投资的存量和流量中服务业的比重已经分别达到

87.5%和72.8%[①],服务业已占到对外直接投资的大部分份额。同时考虑到制造业和服务业的属性不同,因此将服务业特地挑出,同制造业进行对比研究就显得很有必要[②]。表6-7展示了制造业和服务业的回归结果。从表6-7中我们可以看出无论是存量还是流量,在制造业中对外直接投资对工资的影响并不显著,而在服务业中对外直接投资系数在1%的水平上显著为正。考虑到近些年来我国服务业对外直接投资已占到对外直接投资总额的大部分份额,由此推断我国对外直接投资整体上将会促进员工工资水平的上升。

表6-7 分制造业与服务业回归结果

	(1)制造业 ln wage	(2)服务业 ln wage	(3)制造业 ln wage	(4)服务业 ln wage
OFDI存量(对数)	−0.007 7	0.016 0***		
	(−0.47)	(5.01)		
OFDI流量(对数)			−0.000 9	0.015 5***
			(−0.07)	(4.85)
年龄	−0.003 8***	−0.007 1***	−0.003 8***	−0.007 2***
	(−2.85)	(−9.10)	(−2.85)	(−9.03)
女性	−0.229 0***	−0.184 1***	−0.228 8***	−0.184 5***
	(−11.62)	(−15.76)	(−11.62)	(−15.57)
已婚	0.155 0***	0.179 7***	0.155 2***	0.179 0***
	(4.38)	(9.17)	(4.39)	(9.01)
受教育年限	0.050 4***	0.053 7***	0.050 5***	0.053 8***
	(14.66)	(26.50)	(14.67)	(26.15)
工作经验	0.005 9***	0.015 4***	0.005 9***	0.015 2***
	(5.40)	(21.14)	(5.40)	(20.67)
工作经验平方项	−0.000 003***	−0.000 007***	−0.000 003***	−0.000 007***
	(−5.61)	(−20.65)	(−5.60)	(−20.19)
行业就业人数(对数)	−0.092 8	0.069 4***	−0.090 9	0.063 6***
	(−0.62)	(7.38)	(−0.59)	(6.90)
行业产值(对数)	0.039 6	−0.049 2***	0.033 7	−0.045 1***

① 根据《中国对外直接投资统计公报》计算得到。
② 其中服务业主要包括交通运输、仓储和邮政业,信息传输、计算机服务和软件业,批发和零售业,住宿和餐饮业,金融业,房地产业,租赁和商务服务业,科学研究、技术服务和地质勘探业,水利、环境和公共设施管理业,居民服务和其他服务业,教育、卫生、社会保障和社会福利业,文化、体育和娱乐业以及公共管理和社会组织。

续　表

	(1)制造业 ln wage	(2)服务业 ln wage	(3)制造业 ln wage	(4)服务业 ln wage
	(0.26)	(−3.48)	(0.21)	(−3.16)
国有企业	0.089 3***	0.010 5	0.089 2***	0.006 6
	(4.12)	(0.76)	(4.12)	(0.47)
企业规模(中)	0.042 5*	0.090 2***	0.042 7*	0.090 8***
	(1.93)	(6.42)	(1.94)	(6.35)
企业规模(大)	0.141 5***	0.152 7***	0.141 6***	0.151 8***
	(5.49)	(7.53)	(5.49)	(7.34)
职业固定效应	是	是	是	是
省份固定效应	是	是	是	是
时间固定效应	是	是	是	是
常数项	2.530 2***	1.987 3***	2.488 3***	2.013 6***
	(4.43)	(20.57)	(4.12)	(20.12)
样本数	4 910	13 888	4 910	13 571
调整的R^2	0.27	0.34	0.27	0.34

注：表中*、**、***分别表示在10%、5%、1%的水平上统计显著，括号内为 t 值。

另外，我们发现模型(2)和模型(4)中女性的系数(绝对值)分别小于模型(1)和模型(3)中女性的系数，这说明相对于制造业，服务业存在较轻的性别歧视，这主要是因为相对于制造业，服务业的工作性质更适合女性，许多服务业中女性就业比例显著高于男性。此外，服务业中受教育年限和工作经验的系数也都要大于制造业中受教育年限和工作经验的系数，这说明服务业更加看重个人的受教育程度和高技能能力。

6.3.2　考虑长期变化趋势的回归分析

以上研究分析只是考察了对外直接投资在2007年、2008年和2013年三年中对个体收入水平的平均影响，为了看出对外直接投资对收入水平影响的长期变化趋势，我们按2007年、2008年和2013年进行分年份回归。分年份的回归结果如表6-8所示。从表6-8中模型(1)、模型(2)和模型(3)的回归结果中我们不仅可以看出行业对外直接投资存量系数的显著性水平不断上升，而且对外直接投资存量系数的大小也在不断增大。从模型(4)、模型(5)和模型(6)的回归结果中我们也可以看出行业对外直接投资流量的系数从2007年和2008年的0.015左右上升到2013年的0.048左右。

此外,从表6-8的女性和受教育年限的系数大小随年份变化的趋势可以看出,我国性别歧视正在逐渐减轻,教育回报率也正在逐渐提高。

表6-8 分年份回归结果

	(1)2007年 ln wage	(2)2008年 ln wage	(3)2013年 ln wage	(4)2007年 ln wage	(5)2008年 ln wage	(6)2013年 ln wage
OFDI存量(对数)	0.009 4*	0.014 1***	0.046 896***			
	(1.88)	(3.28)	(8.49)			
OFDI流量(对数)				0.015 3***	0.014 8***	0.047 6***
				(3.28)	(3.41)	(8.49)
年龄	−0.008 2***	−0.007 5***	−0.000 4	−0.008 1***	−0.007 8***	−0.000 4
	(−7.01)	(−6.63)	(−0.34)	(−6.86)	(−6.66)	(−0.36)
女性	−0.200 8***	−0.195 3***	−0.194 4***	−0.199 1***	−0.195 1***	−0.195 6***
	(−11.74)	(−11.54)	(−11.75)	(−11.65)	(−11.15)	(−11.83)
已婚	0.128 5***	0.170 6***	0.153 1***	0.127 5***	0.170 8***	0.154 0***
	(4.31)	(5.82)	(5.30)	(4.28)	(5.65)	(5.33)
受教育年限	0.044 9***	0.052 6***	0.063 1***	0.044 9***	0.052 7***	0.062 9***
	(20.59)	(15.93)	(18.35)	(20.64)	(15.97)	(17.86)
工作经验	0.025 0***	0.027 4***	0.009 9***	0.025 0***	0.027 3***	0.009 9***
	(10.31)	(13.17)	(9.74)	(10.31)	(12.82)	(9.77)
工作经验平方项	−0.000 4***	−0.000 4***	−0.000 005***	−0.000 3***	−0.000 4***	−0.000 005***
	(−5.27)	(−8.01)	(−9.68)	(−5.30)	(−7.93)	(−9.70)
行业就业人数(对数)	0.061 6***	0.080 9***	0.104 0***	0.065 7***	0.079 7***	0.100 0***
	(4.09)	(5.83)	(7.28)	(4.65)	(5.60)	(7.12)
行业产值(对数)	−0.074 9***	−0.095 4***	−0.146 1***	−0.090 4***	−0.092 6***	−0.142 9***
	(−3.99)	(−5.63)	(−7.47)	(−4.92)	(−5.49)	(−7.40)
国有企业	0.028 7	0.044 6**	0.033 6	0.030 2	0.038 9**	0.034 7*
	(1.51)	(2.37)	(1.62)	(1.60)	(2.01)	(1.67)
企业规模(中)	0.084 9***	0.073 6***	0.064 1***	0.086 3***	0.075 2***	0.064 5***
	(4.27)	(3.77)	(3.26)	(4.34)	(3.73)	(3.28)
企业规模(大)	0.124 8***	0.151 5***	0.147 2***	0.123 9***	0.150 2***	0.147 7***
	(4.86)	(5.74)	(5.41)	(4.83)	(5.51)	(5.43)
职业固定效应	是	是	是	是	是	是
省份固定效应	是	是	是	是	是	是
常数项	2.685 3***	2.610 3***	2.278 7***	2.754 4***	2.596 4***	2.347 1***
	(23.59)	(22.35)	(18.08)	(23.72)	(21.16)	(18.55)
样本数	6 363	6 419	7 219	6 363	6 102	7 219
调整的R^2	0.32	0.35	0.27	0.32	0.35	0.27

注:表中*、**、***分别表示在10%、5%、1%的水平上统计显著,括号内为t值。

为了进一步考察对外直接投资对性别工资差距和技能工资差距影响的变化趋势,我们分年份考察对外直接投资对性别工资差距和技能工资差距的影响。表6-9展示了分年份—性别回归的主要结果,控制变量的回归结果与表6-8回归结果相类似,这里就不具体介绍了。表6-9中男、女组中行业OFDI存量的系数大小之差由2007年的0.0016,上升到2008年的0.0017,再大幅上升到2013年0.0169。而男、女组中行业OFDI流量的系数大小之差也由2007年的0.0016,上升到2008年的0.0057,再大幅上升到2013年的0.0153。因此从中可以发现我国对外直接投资对于扩大性别工资差距的作用越来越大。

表6-9 分年份—性别的回归结果

	(1)2007 男	(2)2007 女	(3)2008 男	(4)2008 女	(5)2013 男	(6)2013 女
OFDI存量(对数)	0.0112	0.0096	0.0167**	0.0150***	0.0529***	0.0360***
	(1.57)	(1.36)	(2.40)	(2.62)	(6.90)	(4.41)
	(7)2007 男	(8)2007 女	(9)2008 男	(10)2008 女	(11)2013 男	(12)2013 女
OFDI流量(对数)	0.0169**	0.0153**	0.0187***	0.0130**	0.0526***	0.0373***
	(2.55)	(2.30)	(2.94)	(2.21)	(6.76)	(4.49)

注:表中*、**、***分别表示在10%、5%、1%的水平上统计显著,括号内为t值。

表6-10展示了分年份—技能回归的主要结果,控制变量的回归结果与表6-9回归结果相类似,这里就不具体介绍了。表6-10中高、低技能组中行业OFDI存量的系数大小之差由2007年的0.0056,上升到2008年的0.0145,再略微下降到2013年的0.0122。而高、低技能组中行业OFDI流量的系数大小之差由2007年的0.0030,上升到2008年的0.0157,再略微下降到2013年的0.0128。因此,从中可以看出我国对外直接投资对于扩大技能工资差距的作用先增强后略微减弱。

表6-10 分年份—技能的回归结果

	(1)低技能	(2)高技能	(3)低技能	(4)高技能	(5)低技能	(6)高技能
OFDI存量(对数)	0.0113**	0.0169**	0.0088	0.0233***	0.0445***	0.0567***
	(2.12)	(2.03)	(1.57)	(3.16)	(6.40)	(5.64)
	(7)低技能	(8)高技能	(9)低技能	(10)高技能	(11)低技能	(12)高技能
OFDI流量(对数)	0.0112	0.0142***	0.0094	0.0251***	0.0442***	0.0570***
	(1.37)	(2.64)	(1.60)	(3.29)	(6.03)	(5.90)

注:表中*、**、***分别表示在10%、5%、1%的水平上统计显著,括号内为t值。

6.3.3 基于分位数回归的实证分析

上述分析证实了我国对外直接投资整体上提高了我国收入水平,同时也扩大了我国的收入差距。但是对于不同收入群体这种影响是否一致呢?为了进一步考察我国对外直接投资对不同收入群体的差异性影响,我们实证分析了我国对外直接投资在不同分位点处对收入水平的影响,表6-11展示了分位数回归结果。从表6-11中可以看出行业OFDI的系数依然显著为正,说明我国对外直接投资对不同收入群体的收入水平都具有促进作用。并且我们进一步分析发现,低分位点(第10、25分位点)的行业OFDI系数小于中、高分位点(第50、75和90分位点)的行业OFDI系数①。因此这进一步论证了对外直接投资确实扩大了我国居民收入差距。

表6-11 分位数回归结果

	(1) p10 ln wage	(2) p25 ln wage	(3) p50 ln wage	(4) p75 ln wage	(5) p90 ln wage
OFDI存量(对数)	0.014 5***	0.017 1***	0.025 7***	0.028 1***	0.022 5***
	(4.03)	(5.33)	(8.45)	(7.60)	(4.84)
年龄	−0.010 4***	−0.007 2***	−0.005 4***	−0.004 7***	−0.000 3
	(−11.17)	(−7.65)	(−6.19)	(−4.15)	(−0.29)
女性	−0.161 3***	−0.181 9***	−0.207 0***	−0.216 2***	−0.222 3***
	(−13.96)	(−18.67)	(−22.38)	(−23.02)	(−13.03)
已婚	0.209 4***	0.169 1***	0.169 2***	0.179 1***	0.147 3***
	(10.71)	(7.61)	(9.05)	(7.57)	(6.38)
受教育程度	0.048 4***	0.052 5***	0.055 4***	0.057 8***	0.059 0***
	(18.00)	(28.34)	(25.87)	(26.70)	(14.01)
工作经验	0.012 5***	0.013 6***	0.012 8***	0.012 1***	0.008 5***
	(16.98)	(18.59)	(19.51)	(18.07)	(7.53)
工作经验平方项	−0.000 01***	−0.000 01***	−0.000 01***	−0.000 01***	−0.000 004***
	(−14.67)	(−18.54)	(−19.07)	(−16.98)	(−7.26)
行业就业人数(对数)	0.081 5***	0.089 2***	0.096 5***	0.062 8***	0.032 0*
	(7.62)	(8.21)	(9.41)	(5.59)	(1.95)
行业产值(对数)	−0.100 4***	−0.109 7***	−0.123 3***	−0.094 3***	−0.049 1***
	(−7.79)	(−7.66)	(−10.73)	(−6.64)	(−2.81)
国有企业	0.075 0***	0.075 5***	0.062 5***	0.033 5**	−0.013 4
	(3.93)	(7.76)	(7.28)	(2.30)	(−0.61)

① 行业OFDI流量(对数)的回归结果与行业OFDI存量(对数)的结果相似,在此不再列出。

续表

	(1) p10 ln wage	(2) p25 ln wage	(3) p50 ln wage	0(4) p75 ln wage	(5) p90 ln wage
企业规模(中)	0.083 8***	0.072 0***	0.068 4***	0.055 1***	0.067 6***
	(4.41)	(6.13)	(7.39)	(3.61)	(3.20)
企业规模(大)	0.159 5***	0.143 7***	0.141 5***	0.115 4***	0.114 9***
	(4.44)	(7.11)	(8.08)	(7.22)	(5.98)
职业固定效应	是	是	是	是	是
省份固定效应	是	是	是	是	是
时间固定效应	是	是	是	是	是
常数项	1.867 8***	1.986 1***	2.248 4***	2.495 8***	2.677 2***
	(20.33)	(28.46)	(31.87)	(26.79)	(20.49)
样本数	20 001	20 001	20 001	20 001	20 001
调整的R^2	0.21	0.23	0.23	0.20	0.16

注：表中 *、**、*** 分别表示在10%、5%、1%的水平上统计显著，括号内为 t 值。

此外，为了更形象直观地看出我国对外直接投资对不同收入群体收入水平的促进作用，我们还利用图6-3分别展示了我国对外直接投资存量和对外直接投资流量的分位数回归系数图。图6-3形象直观地展示了我国对外直接投资对不同收入群体收入水平边际影响的变化趋势。从图6-3中我们可以看出，不同分位点的对外直接投资系数都显著为正，并且在整体上呈现上升趋势，其中中、高收入群体的对外直接投资系数要大于低收入群体的对外直接投资系数。这表明了我国对外直接投资对中、高收入群体收入水平的促进作用要大于对低收入群体收入水平的促进作用。因此我国对外直接投资在提高我国居民收入水平的同时，也拉大了我国居民收入差距。

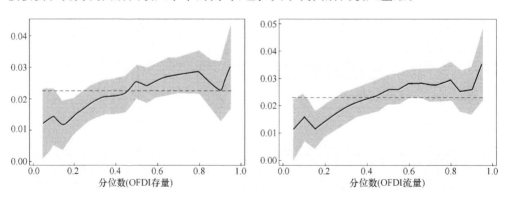

图6-3　OFDI不同分位点的回归系数

6.3.4 考虑行业关联效应的回归分析

一个行业的对外直接投资不仅影响到本行业的工资水平,也可能影响到与其关联行业的工资水平。为了考察对外直接投资对工资影响的行业关联效应,在模型中引入行业关联变量。我们将2007年投入产出表中42部门整理合并成中国家庭收入调查数据中的20个部门,分别计算出每个部门中其他部门的直接消耗系数和完全消耗系数,再将每个部门中其他部门的直接消耗系数和完全消耗系数分别乘以相应其他部门的OFDI存量或流量,然后求和,从而构建出每个行业的对外直接投资的行业关联。表6-12展示了包含行业关联变量的回归结果。表6-12中模型(1)和模型(2)的行业关联变量是根据直接消耗系数计算得到的,而模型(3)和模型(4)的行业关联变量是根据完全消耗系数计算得到的。从表6-12中我们可以看出,行业对外直接投资存量或流量的变量系数依然显著为正,但行业关联变量的系数却都显著为负,即其他行业的对外直接投资行为显著降低了本行业的工资收入水平。由此可见,我国行业对外直接投资增加了本行业的工资收入水平,但降低了关联行业的工资收入水平。

表6-12 行业关联效应回归结果

	(1)	(2)	(3)	(4)
OFDI存量(对数)	0.024 5***		0.022 4***	
	(8.54)		(7.91)	
行业关联(存量)	−0.101 6***		−0.135 5***	
	(−4.92)		(−6.86)	
OFDI流量(对数)		0.024 8***		0.022 7***
		(8.94)		(8.24)
行业关联(流量)		−0.101 7***		−0.147 7***
		(−5.15)		(−7.53)
年龄	−0.006 3***	−0.006 3***	−0.006 3***	−0.006 2***
	(−9.73)	(−9.61)	(−9.61)	(−9.48)
女性	−0.201 3***	−0.201 9***	−0.203 8***	−0.204 7***
	(−20.58)	(−20.44)	(−20.82)	(−20.72)
已婚	0.186 6***	0.186 1***	0.187 3***	0.187 0***
	(11.15)	(11.01)	(11.20)	(11.07)
受教育年限	0.052 0***	0.052 1***	0.051 4***	0.051 4***
	(30.78)	(30.57)	(30.35)	(30.08)

续表

	(1)	(2)	(3)	(4)
工作经验	0.012 2***	0.012 0***	0.012 1***	0.012 0***
	(20.99)	(20.54)	(20.91)	(20.47)
工作经验平方项	−0.000 01***	−0.000 01***	−0.000 01***	−0.000 01***
	(−20.76)	(−20.32)	(−20.68)	(−20.26)
行业就业人数(对数)	0.095 1***	0.090 7***	0.100 9***	0.097 9***
	(11.02)	(10.76)	(11.64)	(11.55)
行业产值(对数)	−0.137 0***	−0.130 7***	−0.146 9***	−0.142 7***
	(−11.20)	(−11.31)	(−12.17)	(−12.37)
国有企业	0.034 7***	0.032 4***	0.032 9***	0.030 1***
	(3.05)	(2.83)	(2.90)	(2.63)
企业规模(中)	0.068 6***	0.069 2***	0.071 1***	0.071 5***
	(5.99)	(5.98)	(6.23)	(6.19)
企业规模(大)	0.138 3***	0.137 5***	0.143 9***	0.143 3***
	(9.03)	(8.89)	(9.40)	(9.26)
职业固定效应	是	是	是	是
省份固定效应	是	是	是	是
时间固定效应	是	是	是	是
常数项	3.859 4***	3.708 8***	4.539 2***	4.503 0***
	(12.28)	(13.91)	(13.91)	(15.52)
样本数	20 001	19 684	20 001	19 684
调整的 R^2	0.32	0.31	0.32	0.32

注：表中 *、**、*** 分别表示在 10%、5%、1% 的水平上统计显著，括号内为 t 值。

6.4 小　　结

随着我国实施"走出去"战略以来，我国对外直接投资规模已实现连续 13 年的快速增长，对外直接投资显著促进了我国经济的快速发展。那么我国员工是否从快速发展的对外直接投资中受益呢？哪种类型的员工受益程度更大呢？为了回答这些问题，我们将行业层面的对外直接投资数据匹配至微观个体层面，考察了我国对外直接投资对微观个体收入水平的影响。我们研究发现，我国对外直接投资显著增加了个体的收入水平,并且这种正向的促进作用更多地体现在服务行业中。同时我们发现,我国对外直接投资对高技能个体收入水平的促进作用要大于对低技能个体收入水平的促进作用;我国对外直接投资对男性个体收入水平的促进作用要大于对女性个体收入水平的促进作用,即我国对外直接投资扩大了我国技能收入差距和性别收入差距。我们进一步从分年份的研究中发现,我国对外直接投资对工资的提升作用越来越大,并且我国对外直接投资对于扩大性别工资差距的作用也在逐渐增强。此外我们还发现我国行业对外直接投资增加了本行业的工资收入水平,但降低了关联行业的工资收入水平。

上述结论为我国下一步"走出去"战略的实施和缩小我国居民收入差距提供了有益的政策启示。

(1)为了促进我国产业结构的转型升级,加速向产业价值链的高端攀升,实现在全球范围内优化配置资源,我国应加快实施"走出去"战略,促进和鼓励企业"走出去",为此我国应不断完善对外投资政策体系,深入推进多双边务实合作,共同助力中国企业"走出去"。

(2)在鼓励和促进企业"走出去"的同时,应充分发挥对外直接投资对国内劳动力市场的良性作用,建立和完善相应的对外直接投资的收入分配机制,避免和减轻对外直接投资扩大收入差距的负面效应。

(3)在扩大对外直接投资规模的同时,我国应通过政策的引导或财税方面的鼓励提高我国企业对外来技术的吸收能力,加强对外直接投资的逆向技术溢出效应,同时我国还应努力实现劳动报酬和劳动生产率的同步提高,确保员工也能在对外直接投资的飞速发展中获取利益。

总之,我国在加速实施"走出去"战略的同时,还应增强企业的吸收能力和创新能力,促进我国生产技术的进步,优化劳动力市场,完善收入分配机制,从而实现利益的协调分配。

第7章 企业"走出去"、产业数字化升级与劳动力市场极化

前文分析表明,我国实施"走出去"战略以来,对外直接投资显著增加了个体的收入水平,并且这种正向的促进作用更多地体现在服务行业中。同时我国对外直接投资对高技能个体收入水平的促进作用要大于对低技能个体收入水平的促进作用,对男性个体收入水平的促进作用要大于对女性个体收入水平的促进作用,即我国对外直接投资扩大了我国技能收入差距和性别收入差距。

本章将结合中国"数字经济"的时代背景,进一步考察数字化程度与企业"走出去"对于中国就业市场总量与结构的影响。本章的分析研究表明,劳动力市场开始出现中等技能劳动力相对就业下降的"极化"现象;数字化程度的提升,不仅不会造成劳动力需求的减少,反而会提供更多的就业机会。

7.1 理论分析与假设检验

早期国际贸易理论对于就业市场的解释主要基于赫克歇尔-俄林(H-O)理论和斯托尔珀-萨缪尔森定理(Stolper-Samuelson Theorem),认为对于低技能劳动力相对丰富的发展中国家,由于其比较优势主要体现为低端的劳动密集型的生产加工环节,因此国际贸易程度的加深将会推高劳动密集型商品的价格,进而提升低技能劳动力的相对需求与工资。诚然,经济全球化所造成的国际分工必然会造成各国内部就业结构的显著变化,例如发达国家就普遍出现了高技能劳动力的相对需求不断上升,而低技能劳动力下降的趋势。但是,历史数据却表明这种偏向高技术劳动力的需求增长在发展中国家也普遍存在,这与传统的理论模型相悖。

为此,Mincer(1993)提出了"技术偏向理论"(Skill-Biased Technological Change)试图解释有偏向性的劳动力结构变化。技术偏向理论认为在技术变革中,高能力的工人往往能够更加适应新的环境,更加有效率地利用新技术,提高自身的生产率。

不同的学者都试图解释为什么技术的进步会偏向高技能劳动力,一种观点认为高技能劳动力与资本的互补程度大于低技能劳动力。由于技术进步的实现通常体现在新资本的投入,尤其是设备资本的更新上,因而产生了技术进步的偏向性(Griliches,1969;Goldin,1998;Krusell,2000)。另一种观点则认为,由于生产技术和信息技术的发展,为了提升多样化的工作需求,进而提升人力资本质量,传统的标准化批量生产方式已经被更为灵活和专业性的生产过程取代(Osterman,1994,2000;Lindbeck,2000;Milgrom,1990)。此外,Borghans(2006)基于劳动力分工视角,认为信息技术的进步会减少工作中的协调时间,从而扩大了不同技能劳动力的劳动生产率,使得分工程度进一步深化,最终导致了劳动生产率相对高的劳动力需求增加。

已有研究结果表明,劳动力需求的增长并不总是单向地偏向于相对技能较高的劳动力,而是呈现出更复杂的变化趋势。针对美国、欧洲、瑞典和澳大利亚就业结构的研究结果显示,高技能劳动力和低技能劳动力就业相对增加,同时中等技能劳动力就业却相对减少,出现了就业倒 U 形极化的现象(Auto et al,2006;Goos et al,2009;Adermon,2015;Borland et al,2016)。不仅仅在发达国家,对于中国的研究也表明,在发展中国家也出现了相似的就业极化趋势,进一步证明了就业极化是一个普遍的全球现象(吕世斌 等,2015;李宏兵 等,2017)。与此同时,针对对外直接投资与就业结构变动的迥异表现,学者们试图从不同路径来解释这一现象背后的理论逻辑。首先,对外直接投资促进了国际生产活动由产业间分工向产品内分工延伸,并引致跨国公司经营活动在全球范围内的重新布局。在此进程中,对外直接投资通过影响要素投入和扩大国外需求,不仅改变了母国的产业结构,也改变了母国的就业结构(Hanson 等,2003;李磊等,2016)。其次,对外直接投资对劳动力市场的影响既有"替代"效应,也有"互补"效应,即虽然企业对外直接投资活动会减少母国的低技能劳动力就业,但会增加其他工作岗位的就业。对此,Harrison 和 McMillan(2006)基于美国数据的研究发现,水平型和垂直型对外直接投资对就业的影响不同,前者呈现"替代"效应,后者则呈现"互补"效应。与之相反,Zapkau 等(2014)研究认为,德国水平型对外直接投资对国内就业有积极影响,而垂直型对外直接投资则相反。鉴于上述来自发达国家的经验证据并未指向一致的结论,且考虑到就业极化效应(Job Polarization)不仅在瑞典(Adermon et al,2015)、美国(Oldenski et al,2012)和欧洲(Goos 等,2009)普遍存在,在中国也得到了很好的经验支持(陆铭 等,2012;吕世斌 等,2015)。为此,深入研究中国企业对外直接投资是否会对国内的就业市场产生极化效应,且这种影响的理论机制和影响路径如何,在不同行业、所有制和投资目的地的表现是否一致,显然对于落实"十三五"规划中要求的深化改革开放和完善就业促进政策,进而制定出协调企业"走出去"和稳定国内就业市场的多方联动机制,具有重要的战略意义。

本章整理归纳已有文献,结合自己的思考,提出三点对于劳动力极化现象的解释。

第一,专业化生产导致出现就业层次分割。社会发展倾向于出现就业层次分割的现象,即高技能部门倾向于集中使用高技能工人,而低技能部门倾向于集中使用低技能工人,既使用高技能工人也使用低技能工人的部门却越来越少。

第二,技术进步对常规化生产任务具有替代作用。已有研究发现,相对于低技能工人,技术进步更倾向于替代那些从事常规化生产任务的中等技能工人,这部分被替代的中等技能工人会从事以前由低技能工人从事的生产任务,这进一步导致了低技能部门的生产任务减少,就业减少。

第三,由于运输成本以及通信交流成本的降低,产业组织形式不断融入世界贸易体系当中,企业更有动力将常规性的非核心业务外包出去,从而降低了母国对于技能劳动力的需求。

综合以上三点,外包和技术进步会促进融入世界贸易体系的发展中国家生产专业化和产业组织变化,进而对不同技能水平的工人就业产生影响。结合相关的研究结果和就业极化效应特征,本章提出以下两点研究假设。

H1:数字化程度的提高会造成我国劳动力市场的就业极化现象。

H2:在数字化大背景下,我国企业对外投资会造成母国劳动力市场的就业极化现象。

基于以上假设,本章通过1995—2009年中国劳动力的相关数据,运用固定效应回归,试图验证中国的数字化与对外投资在提高劳动力需求的同时也在不同程度上造成劳动就业极化的现象。

7.2 企业"走出去"、产业数字化转型与就业极化

就业极化效应是一个普遍的全球现象,不仅出现在发达国家,在发展中国家也同样存在。基于这种思路,本章以产业数字化转型为背景,进一步考察了企业"走出去"与就业极化现象。

1995—2009年,电子、通信设备制造业和木材加工及木制品业以及全行业的数字化指数基本都保持着不断增长的趋势,但不同行业的数字化程度存在着显著的差异(如图7-1所示)。

然而,同时观察就业均衡与工资均衡,可以发现均衡变化主要是由于劳动力供给

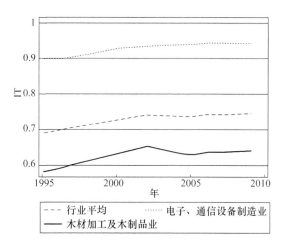

图 7-1 行业数字化程度分布

还是劳动力需求变动所造成的。如果劳动均衡与工资均衡同时增加或减少,可以说明劳动力需求的变动是造成就业均衡变动的主要原因。如果劳动均衡与工资均衡呈现相反的变动,则可以说明劳动力供给的变化是造成就业均衡变动的主要原因。我们将不同技能劳动力的就业量相除,构造不同技能劳动力的相对就业,来描述就业结构所发生的变化,同时对不同技能劳动力的平均工资做同样的处理。图 7-2 和图 7-3 所示分别为高技能与中等技能劳动力相对就业与相对工资的变化趋势,可以看出就业量与工资基本呈现同向变动的趋势,所以高、中技能劳动力的相对就业的增加基本是由于劳动相对需求的提升所造成的。图 7-2 中,高等技能劳动力就业与中等技能劳动力就业之比不断上升,这说明企业对于高技能劳动力需求的增速大于对中等劳动力需求的增速,高、中技能劳动力的就业量之差在不断增大。

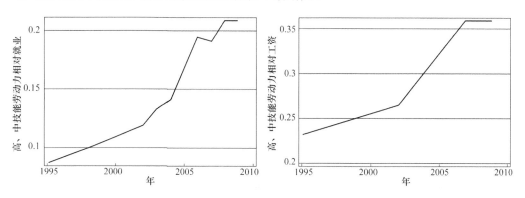

图 7-2 高等、中等技能劳动力相对就业的变化　　图 7-3 高等、中等技能劳动力相对工资的变化

图7-4和图7-5所示分别为中等技能与低技能劳动力相对就业与相对工资的变化趋势。从图7-4中可以发现，中、低技能劳动力相对就业2003年之前一直不断上升，而在这之后则出现了下降趋势。图7-5表明2003年之前，中、低技能劳动力相对工资在不断上升，但2003年之后变化并不明显。由于2003年之前相对就业与相对工资共同增加，所以中、低技能劳动力相对就业的增加主要是由于相对就业需求增加而导致的。而2003年之后相对就业减少的同时相对工资变化不明显，这可能是相对劳动力需求与供给共同变化所造成的结果。

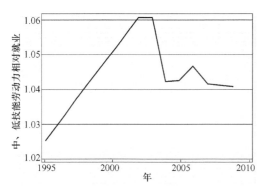 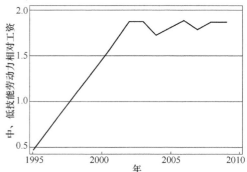

图7-4 中等、低等技能劳动力相对就业的变化　　图7-5 中等、低等技能劳动力相对工资的变化

通过上文的分析我们可以发现，近年来我国的劳动力结构出现了一些发达国家劳动力市场所出现的就业"极化"现象，即中等技能劳动力就业相对高、低技能劳动力就业发生下降。这具体体现为，高、中技能劳动力相对上升的同时，中、低技能劳动力相对就业下降。那么，究竟是什么因素导致了劳动结构发生了"极化"的现象呢？

相关文献指出，随着企业数字化程度不断深入，劳动力的相对结构会发生变化。为此，我们构造了反映不同行业使用数字化产品与服务数量差异的数字化指数。图7-6和图7-7的横轴是数字化指数，图7-6的纵轴是高、中技能劳动力相对就业，图7-7的纵轴是中、低技能劳动力相对就业。可以发现，数字化的提高会使高技能劳动力相对于中等技能劳动力的相对就业上升，但是对于中、低技能劳动的相对就业却呈现一种倒U形的作用机制，在数字化程度较低时数字化程度的升高会提高中、低技能劳动的相对就业，而数字化程度较高时则呈现相反的作用，这与就业结构随时间变化的趋势基本一致。对此进一步讨论数字化对就业结构的影响，判断数字化是否是造成就业极化的主要因素。

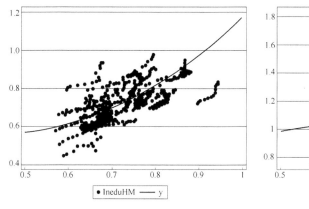

图 7-6 数字化与就业的相关关系
（高等、中等技能劳动力）

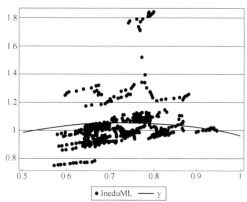

图 7-7 数字化与就业的相关关系
（中等、低等技能劳动力）

7.3 企业"走出去"、产业数字化转型与工资极化

7.3.1 模型与变量

相对就业的均衡是由劳动供给及需求共同决定的，所以为了研究劳动力的相对需求必须要控制劳动力的相对供给。但是由于不同行业劳动力供给的数据难以获得，所以无法实现对于劳动力供给的直接控制。根据基本理论可知，在需求不变的情况下如果相对劳动力的相对供给增加了，那么相对就业会增加，相对工资则会下降。但如果在供给不变的情况下，如果相对劳动力的需求增加了，那么相对就业也会增加，相对工资则会上升。所以，我们借鉴宋冬林等（2010）、邵文波（2014）的做法，用相对就业和相对工资分别作为被解释变量，如果相对就业与相对工资的回归中解释变量的系数正负相同，这就说明数字化、对外投资造成的就业结构变化主要是由于劳动力需求方面的变动所造成的。基于以上的思路，本书建立了以下的计量模型。

1. 数字化对于劳动力需求总量的影响

根据理论，数字化程度的提高会造成劳动力需求结构的变化，具体表现为对不同技能劳动力的相对需求发生改变。所以在控制行业特征的前提下，考察数字化程度、对外投资以及两者相互作用对于劳动力相对需求结构的影响。因此，建立如下计量模型：

$$S_{it} = \alpha_1 + \alpha_2 \text{IT}_{it} + \alpha_3 D_{it} + \alpha_4 T_{it} + \varepsilon_{it} \tag{7-1}$$

$$T_{it} = \alpha_1 + \alpha_2 \text{IT}_{it} + \alpha_3 D_{it} + \alpha_4 S_{it} + \varepsilon_{it} \tag{7-2}$$

式中的变量为:S_{it}和T_{it}分别表示劳动力就业总量和工资总额,是本模型中的被解释变量,其他变量均为解释变量。为了控制就业与工资的相互影响,我们在式(7-1)中加入工资总额(T),在式(7-2)中加入就业总量(S)。IT_{it}表示第t年i行业的数字化程度。按照世界银行(World Bank,2002)的定义,信息与通信技术(ICT)由硬件、软件、网络以及收集、储存、加工、传输和发布信息(包括声音、数据、文本和图像)的媒介构成。因此每个行业的数字化程度可以依据本行业所购买的关于ICT相关的商品与服务的总量来衡量。由于缺少中国分行业的信息设备资本投入,本章采用每个行业所使用的由相关数字化产业所提供的商品与服务总额占其总产出之比来衡量每个行业的数字化程度。根据该指标,在制造业中数字化程度最高的三个行业分别是:电气机械、器材以及电子、通信设备制造业,机械制造业,建筑业。制造业中数字化程度最低的三个行业分别是:木材加工及竹、藤、棕、草制品业,食物饮料烟草制造业,皮革毛皮羽绒及其制造业。这与现实情况较为符合,生产过程较为复杂、对技术要求较高的行业更有动力不断改进生产模式,对数字化产品的购买与数字化投资有较大的需求。

控制变量如下。

① 资本劳动比(kl):采用行业的资本存量除以行业就业人数来衡量。

② 劳动生产率(labpro):采用行业的增加值除以行业就业人数来衡量。

③ 出口指标(ex)、进口指标(im):分别采用行业出口总额及进口总额占总产出的比重来衡量。

2. 数字化对于劳动力需求结构的影响

根据上文的讨论,我们发现高、中技能劳动力相对就业与数字化程度呈现正相关关系,而中、低技能劳动力相对就业与数字化程度呈现出倒U形的关系。因此,我们在对中、低技能劳动力相对就业和工资的回归中加入带有数字化指数二次项的回归模型,计量模型如下:

$$Y_{it}^m = \alpha_1^m + \alpha_2^m \text{IT}_{it} + \alpha_3^m D_{it} + \varepsilon_{it}^m \tag{7-3}$$

$$W_{it}^m = \alpha_1^m + \alpha_2^m \text{IT}_{it} + \alpha_3^m \text{IT}_{it}^2 + \alpha_4^m D_{it} + \varepsilon_{it}^m \tag{7-4}$$

式中,$m=1,2$分别表示不同技能劳动力的相对就业和相对工资;i、t分别表示行业、时间;α_1^m表示行业固定效应,ε_{it}^m表示残差项;被解释变量Y_{it}^1和Y_{it}^2分别表示高、中技能劳动力的相对就业和相对工资,W_{it}^1和W_{it}^2分别表示中、低技能劳动力的相对就业和相对工资;解释变量包含信息化程度(IT_{it})与其二次项(IT_{it}^2);其他控制变量D与式(7-1)和式(7-2)相同。

本章采用不同劳动力的教育水平来衡量不同劳动力的技能水平,根据教育水平将劳动力分为高、中、低三类。使用不同教育程度的劳动力工作总时间之比(均取对数,下同)来刻画不同技术程度劳动力就业量之比。采用工作时间之比,可以更准确、真实地衡量有效的劳动量之比,从而来体现对于就业结构的影响。相对工资则采用不同教育程度劳动力单位工作时间的工资报酬之比来进行衡量。

3. 数字化背景下对外投资对于劳动力需求结构的影响

已有文献表明,企业的对外投资行为会对劳动结构造成影响,因此为了研究数字化与对外投资对劳动力求结构的影响,本章在解释变量中加入了对外投资以及其与数字化指数的交互项,试图寻找对外投资是怎样通过数字化来影响劳动力结构的。根据Aiken和West(1991)的研究,我们将数字化指数与对外投资进行中心化后再进行交互,这样能避免共线性造成的交互效应可能会掩盖或歪曲两个因子中任何一个因子的主效应。计量模型如下:

$$Y_{it}^m = \alpha_1^m + \alpha_2^m IT_{it} + \alpha_3^m OFDI_{it} + \alpha_4^m inter + \alpha_5^m D_{it} + \varepsilon_{it}^m \qquad (7-5)$$

$$W_{it}^m = \alpha_1^m + \alpha_2^m IT_{it} + \alpha_3^m IT_{it}^2 + \alpha_4^m OFDI_{it} + \alpha_5^m inter + \alpha_6^m D_{it} + \varepsilon_{it}^m \qquad (7-6)$$

式中,$OFDI_{it}$是行业对外投资,inter是中心化后数字化指数与对外投资的交互项,被解释变量与其他控制变量与式(7-3)和式(7-4)相同。

中国对外直接投资始于2003年,由于2003年之前的对外直接投资数据无法获取,本章通过中国对外固定资本形成额来衡量两个行业的对外直接投资。

7.3.2 数据说明

分行业就业和工资结构数据主要来自WIOD数据库的社会经济账户(SEA),该数据库提供了中国按行业分类的1995—2009年不同教育水平的人员工资和就业数据。劳动力根据国际教育标准分类(ISCED)1997年所分的6个等级进一步划分为高、中、低三类。行业分类标准按照国际标准行业分类(ISIC/Rev3)进行分类,其中由于汽车、摩托车销售、维修、零售和存在雇佣关系的私人住户的劳动力数据缺失,所以将其剔除,一共选取了32个行业的样本。[1]

---

[1] WIOD行业分类:Sale, maintenance and repair of motor vehicles and motorcycles; retail sale of fuel wholesale trade and commission trade, except of motor vehicles and motorcycles; hotels and restaurants; other Inland transport; other supporting and auxiliary transport activities; activities of travel agencies; post and telecommunications; financial intermediation; real estate activities; public admin and defense compulsory social security; education; health and social work.

数字化程度以及其他指标主要来自 WIOD 数据库的投入产出表。数字化指标的计算根据投入产出表中,由每个行业使用的电气机械、器材以及电子、通信设备制造业与邮政通信行业所提供的产品总额,除以该行业的总产出来表示。

中国的分行业对外直接数据由中国对外所有固定资产形成额进行加总得到。由于教育、金融、卫生与社会工作等 11 个服务行业对外固定资产形成额始终缺失,所以将其剔除。相关变量的描述性统计详见表 7-1。

表 7-1 描述性统计

变量名称	变量含义	观测数	平均值	标准差	最小值	最大值
SUM_1	就业总量	495	9.774	1.201	7.06	13.211
SUM_2	工资总量	495	11.683	1.091	8.495	15.022
em_1	高、中劳动力相对就业	495	−2.377	0.912	−5.388	−0.3
em_2	中、低劳动力相对就业	495	0.198	1.14	−3.292	3.994
wa_1	高、中劳动力相对工资	495	0.288	0.054	0.133	0.396
wa_2	中、低劳动力相对工资	495	0.147	0.068	−0.116	0.38
IT	数字化指数	495	0.728	0.0781	0.571	0.946
labpro	劳动生产率	495	1.4	0.16	1.031	1.826
kl	资本劳动比	495	1.268	0.201	0.849	1.966
ex	出口指标	495	0.745	0.2	0	0.977
im	进口指标	495	0.773	0.0507	0.612	0.927
OFDI	对外投资	330	11.12	3.022	2.286	18.38

7.3.3 计量结果

为了考察数字化程度与相对劳动力结构的关系,我们运用相对就业和相对工资的变化来判断相对劳动力结构的变化是由于相对劳动力需求还是供给的改变造成的。此外,我们还考察了数字化与对外投资对相对劳动力需求的共同影响,来研究数字化背景下企业"走出去"对母国劳动市场的影响。对回归结果进行 Hausman 检验,发现模型中个体效应与回归变量相关,没有通过内生性检验,所以本章采用固定效应模型进行回归。同时,为了保证回归的稳健性,我们在方程中逐步加入控制变量。

1. 数字化对于劳动力需求总量的影响

表 7-2 和表 7-3 分别是数字化程度对于就业总量和工资总额的回归。从结果来看,不论是就业总量还是工资总额,即使控制变量不断加入,数字化指数的系数始终为

正。这说明数字化指数的提高将增加对劳动力的需求,也就是说数字化的提升将会创造更多的就业机会。因此,技术的进步不仅仅只是替代了更多的就业机会这么简单。不可否认,先进的设备与程序会代替生产率较低的劳动力,但同时新的技术也为消费者带来了价格更低、质量更优的商品与服务,而这些都将产生新的消费需求。在假设新技术无法完全取代劳动力的情况下,即使一些劳动力被机器替代,但只要需求量增加得足够大,对于劳动力的需求一定会有所增加。所以数字化的提升并不意味着就业的减少,就业量在一定程度上取决于商品的价格需求弹性,如果需求弹性足够大时,就业量也会随着数字化的提升而增加。

表 7-2 数字化程度与就业总量的回归

	(1) SUM_1	(2) SUM_1	(3) SUM_1	(4) SUM_1	(5) SUM_1
IT	4.084***	0.458	0.467	1.087***	1.040***
	(0.373)	(0.493)	(0.463)	(0.325)	(0.325)
SUM_2		0.221***	0.344***	0.502***	0.483***
		(0.0219)	(0.0257)	(0.0194)	(0.0205)
kl			−1.797***	1.226***	1.103***
			(0.226)	(0.209)	(0.213)
labpro				−5.224***	−5.160***
				(0.238)	(0.238)
ex					0.0672
					(0.0579)
im					0.743**
					(0.302)
常数项	6.801***	6.860***	7.692***	8.875***	8.571***
	(0.271)	(0.246)	(0.253)	(0.185)	(0.216)
样本数	495	495	495	495	495
调整后的 R^2	0.207	0.351	0.429	0.722	0.726
行业数	33	33	33	33	33

说明:***、**和*分别表示在1%、5%和10%的显著性水平上显著,下表同。

表 7-3 数字化程度与工资总额的回归

	(1) SUM_2	(2) SUM_2	(3) SUM_2	(4) SUM_2	(5) SUM_2
IT	16.42***	13.06***	7.133***	2.136***	1.988***
	(0.718)	(0.73)	(0.63)	(0.495)	(0.495)
SUM_1		0.821***	0.816***	1.185***	1.136***
		(0.0813)	(0.0609)	(0.0457)	(0.0482)

续表

	(1) SUM$_2$	(2) SUM$_2$	(3) SUM$_2$	(4) SUM$_2$	(5) SUM$_2$
kl			5.264*** (0.277)	−0.682** (0.332)	−0.848** (0.334)
labpro				8.042*** (0.365)	7.868*** (0.367)
ex					0.013 8 (0.088 9)
im					1.401*** (0.462)
常数项	−0.265 (0.523)	−5.848*** (0.728)	−8.155*** (0.559)	−11.85*** (0.424)	−11.90*** (0.421)
样本数	495	495	495	495	495
调整后的 R^2	0.531	0.616	0.785	0.896	0.898
行业数	33	33	33	33	33

2. 数字化对于劳动力需求结构的影响

(1) 高、中技能劳动力

表 7-4 和表 7-5 分别是数字化程度对于高、中技能劳动力相对就业和相对工资的回归。从结果来看,在表 7-4 和表 7-5 中,解释变量数字化指数的系数显著为正,并且在加入了其他控制变量后显著性没有发生显著性变化。由于数字化指数对于高、中技能劳动力相对就业和相对工资都具有正向的作用机制,所以高、中技能劳动力相对就业的上升主要是由于劳动力需求增加所导致的。高、中技能的相对就业需求上升验证了技能偏向型技术进步效应(SBTC),正是因为资本投资与相对高技能型劳动的互补性高于相对低技能型劳动的互补性,造成了对技能需求增长和技能溢价。

表 7-4 数字化程度对于高、中技能劳动力相对就业的回归

	(1) em$_1$	(2) em$_1$	(3) em$_1$	(4) em$_1$
IT	7.365*** (0.575)	2.772*** (0.558)	2.795*** (0.595)	1.540*** (0.58)
kl		4.061*** (0.267)	4.100*** (0.437)	3.173*** (0.423)
labpro			−0.052 2 (0.469)	−0.172 (0.438)

续 表

	(1) em_1	(2) em_1	(3) em_1	(4) em_1
ex				0.301***
				(0.115)
im				4.455***
				(0.567)
常数项	−7.737***	−9.544***	−9.537***	−10.95***
	(0.418)	(0.362)	(0.369)	(0.383)
样本数	495	495	495	495
调整后的 R^2	0.263	0.509	0.509	0.574
行业数	33	33	33	33

表 7-5 数字化程度对于高、中技能劳动力相对工资的回归

	(1) wa_1	(2) wa_1	(3) wa_1	(4) wa_1
IT	1.352***	0.756***	0.725***	0.529***
	(0.0861)	(0.0888)	(0.0945)	(0.0917)
kl		0.526***	0.473***	0.323***
		(0.0425)	(0.0695)	(0.0669)
labpro			0.0725	0.0523
			(0.0745)	(0.0693)
ex				0.0623***
				(0.0182)
im				0.704***
				(0.0897)
常数项	−0.696***	−0.930***	−0.941***	−1.170***
	(0.0627)	(0.0576)	(0.0586)	(0.0606)
样本数	495	495	495	495
调整后的 R^2	0.348	0.511	0.512	0.581
行业数	33	33	33	33

(2) 中、低技能劳动力

表 7-6 和表 7-7 分别是数字化程度对于中、低技能劳动力相对就业和相对工资的回归。表 7-6 中,解释变量数字化指数的系数显著为正,数字化指数二次项的系数显著为负,并且在加入了其他控制变量后符号没有发生显著性变化。在表 7-6 列(4)中,数字化指数小于 0.6702 时,数字化的提高将会提升中、低技术劳动力的相对就业,而

超过门槛值后则产生负向抑制作用。由于样本中数字化指数的最小值和最大值分别为 0.571 和 0.976,门槛值落在数字化指数的取值范围内。所以我们可以得出结论,数字化对于中、低技能劳动力就业呈现出倒 U 形的作用路径。

表 7-7 中,解释变量数字化指数的系数显著为负,数字化指数二次项的系数显著为正。在表 7 列(4)中,数字化指数大于 0.573 3 时,数字化指数增加将提高中、低技能劳动力相对工资,而这一门槛值小于数字化指数的最小值,因此数字化程度的不断提升会不断增加中、低劳动力相对工资。

结合相对就业与工资可以看出,当数字化指数小于 0.670 2 时,数字化程度的提高对于中、低技能劳动力相对就业和相对工资都有正向作用机制,所以中、低技能劳动力相对就业的上升主要是由于劳动力需求增加所导致的。当数字化指数大于 0.670 2 时,数字化指数对中、低技能劳动力相对就业有负向作用机制,而对相对工资仍具有正向的作用机制,所以中、低技能劳动力相对就业的下降主要由劳动力相对供给减少所导致。

在数字化程度较低时,由于相对就业与相对工资同时提升,技能偏向型技术进步效应对相对就业需求产生了比较大的影响,使得掌握相对高技术劳动力的需求以及技术溢价发生增长,导致了对于相对技能较高劳动力就业的上升。但是随着数字化的不断深入,正向的技能偏向型技术进步对于中、低技能劳动力结构的影响逐渐减弱。在生产过程中,企业大量运用计算机与自动化技术代替原本由中等技能劳动力所完成的常规性工作。这些信息技术对于劳动力就业的冲击,使得原本从事中等技能常规性生产任务的工人暂时出现失业,他们会转而从事一些低技能的生产任务,从而造成低技能劳动力的供给增速大于中等技能劳动力供给的增速,最终导致中、低技能劳动力相对就业供给的下降。而中、低技能劳动力相对供给下降具体表现为劳动力相对就业在降低的同时,相对工资却在提升,与回归结果符合。

表 7-6 和表 7-7 的回归结果也与一些对发达国家就业结构的实证结论部分吻合,即低技能劳动力的就业相对增加,同时中等技能劳动力就业却相对减少,出现了就业"极化"现象。对于中国来说,当行业数字化水平程度较高时,就业机构也出现了与发达国家类似的就业倒 U 形极化现象,而数字化程度较低的行业劳动力结构则偏向于增加相对技能较高劳动力的就业,呈现出对于高、中、低技能劳动力相对需求阶梯下降的现象。根据以往研究所提出的常规性工作替代模型,并结合数字化对于中、低劳动力相对需求的倒 U 形影响路径可以看出,由于替代常规化的工作而导致的就业"极化"现象并不是劳动力市场上的普遍现象,只有当行业的数字化水平足够高的情况下才可能发生。

表 7-6 数字化程度对于中、低技能劳动力相对就业的回归

	(1) em₂	(2) em₂	(3) em₂	(4) em₂
IT	8.688***	9.122***	8.615***	8.645***
	(2.887)	(2.838)	(2.898)	(2.99)
IT * IT	−4.846**	−5.694***	−5.253**	−5.211**
	(2.046)	(2.02)	(2.084)	(2.172)
kl		0.669***	0.849***	0.856***
		(0.159)	(0.262)	(0.274)
labpro			−0.248	−0.258
			(0.287)	(0.286)
ex				0.153**
				(0.0731)
im				−0.22
				(0.375)
常数项	−3.528***	−4.239***	−3.986***	−3.970***
	(1.016)	(1.012)	(1.053)	(1.133)
样本数	495	495	495	495
调整后的 R^2	0.098	0.131	0.133	0.141
行业数	33	33	33	33

表 7-7 数字化程度对于中、低能劳动力相对工资的回归

	(1) wa₂	(2) wa₂	(3) wa₂	(4) wa₂
IT	−5.277***	−5.002***	−5.020***	−4.123***
	(1)	(0.938)	(0.959)	(0.974)
IT * IT	4.833***	4.297***	4.312***	3.602***
	(0.709)	(0.668)	(0.689)	(0.708)
kl		0.423***	0.429***	0.335***
		(0.0527)	(0.0866)	(0.0894)
labpro			−0.00856	0.00162
			(0.0949)	(0.0933)
ex				0.0807***
				(0.0238)
im				0.330***
				(0.122)
常数项	1.398***	0.949***	0.957***	0.476
	(0.352)	(0.334)	(0.348)	(0.369)

续 表

	(1) wa₂	(2) wa₂	(3) wa₂	(4) wa₂
样本数	495	495	495	495
调整后的 R^2	0.38	0.457	0.457	0.478
行业数	33	33	33	33

3. 数字化背景下对外投资对于劳动力需求结构的影响

在考察数字化对就业结构影响的基础上，我们进一步引入行业对外投资以及其与数字化指数的交互项，来研究在数字化大背景下的企业"走出去"战略对母国就业结构造成的影响。

(1) 高、中技能劳动力

表 7-8 和表 7-9 分别是数字化程度以及行业对外投资对于高、中技能劳动力相对就业和相对工资的回归，在表 7-8 中对外投资与其交互项都显著，而在表 7-9 中对外投资显著。

从相对就业与相对工资的回归可以看出，不论是数字化指数、对外投资还是交互项系数都为正，相对就业的提高是由于相对劳动力需求提高所导致的。数字化程度的上升会提高高、中技能劳动力相对就业，这与之前的结论一致。同时对外投资也会拉高高、中技能劳动力相对就业，但是其对就业结构的作用效果要小于数字化所带来的影响。

数字化与对外投资的交互项为正，这说明数字化对于高、中技能劳动力相对就业影响的边际效应将随着对外投资的提高而提高，所以在数字化程度越高的行业，企业的对外投资行为将会使其对于高等技能劳动力需求的增速大于中等技能劳动力需求的增速。

表 7-8　数字化程度与行业对外投资对于高、中技能劳动力相对就业的回归

	(1) em₁	(2) em₁	(3) em₁	(4) em₁
IT	6.081***	3.205***	3.651***	2.696***
	(0.697)	(0.722)	(0.769)	(0.752)
OFDI	0.090 0***	0.045 2***	0.044 4***	0.030 1*
	(0.017 3)	(0.016 6)	(0.016 5)	(0.016)
inter	0.884***	0.688***	0.688***	0.622***
	(0.186)	(0.17)	(0.169)	(0.164)

续表

	(1) em₁	(2) em₁	(3) em₁	(4) em₁
kl		2.942***	3.659***	2.723***
		(0.358)	(0.562)	(0.562)
labpro			−0.940*	−0.803
			(0.569)	(0.551)
ex				0.098
				(0.557)
im				4.364***
				(0.79)
常数项	−8.106***	−9.255***	−9.168***	−10.85***
	(0.458)	(0.437)	(0.439)	(0.547)
样本数	330	330	330	330
调整后的 R^2	0.388	0.5	0.504	0.553
行业数	22	22	22	22

表7-9 数字化程度与行业对外投资对于高、中技能劳动力相对工资的回归

	(1) wa₁	(2) wa₁	(3) wa₁	(4) wa₁
IT	0.841***	0.624***	0.618***	0.509***
	(0.085 4)	(0.094 3)	(0.101)	(0.099 2)
OFDI	0.015 2***	0.011 8***	0.011 8***	0.009 74***
	(0.002 11)	(0.002 16)	(0.002 17)	(0.002 11)
inter	0.059 3***	0.044 5**	0.044 5**	0.0297
	(0.022 7)	(0.022 2)	(0.022 2)	(0.021 6)
kl		0.222***	0.213***	0.125*
		(0.046 7)	(0.073 8)	(0.074 2)
labpro			0.012	−0.002 49
			(0.074 7)	(0.072 7)
ex				0.188**
				(0.073 5)
im				0.418***
				0.104
常数项	−0.503***	−0.590***	−0.591***	−0.839***
	(0.056)	(0.057 1)	(0.057 6)	(0.072 3)
样本数	330	330	330	330
调整后的 R^2	0.467	0.504	0.504	0.547
行业数	22	22	22	22

(2)中、低技能劳动力

表 7-10 和表 7-11 分别是数字化程度以及行业对外投资对于中、低技能劳动力相对就业和相对工资的回归。表 7-10 中对外投资与交叉项均不显著,表 7-11 中核心变量都显著。

表 7-10 中,在加入对外投资的情况下,数字化指数对于中、低技能劳动力相对就业依旧呈现倒 U 形的作用机制,当数字化程度较低时,中、低技能劳动力相对就业随着数字化指数的增长而增长,当超过门槛值时则呈现反向的作用。在表 7-11 中,中、低技能劳动力相对工资随着数字化指数的增加而增加。数字化指数对于中、低技能劳动力结构的作用基本与之前回归的结论一致。

表 7-10 数字化程度以及行业对外投资对于中、低技能劳动力相对就业的回归

	(1)	(2)	(3)	(4)
	em_2	em_2	em_2	em_2
IT	7.061***	7.672***	7.566***	8.637***
	(2.779)	(2.69)	(2.662)	(2.68)
IT * IT	−3.681*	−4.478**	−4.365**	−5.212**
	(1.929)	(1.921)	(1.946)	(2.036)
OFDI	0.000 988	−0.006 32	−0.006 44	−0.008 54
	(0.007 31)	(0.007 6)	(0.007 62)	(0.007 7)
inter	0.114	0.089 9	0.088 6	0.074 2
	(0.081 4)	(0.080 7)	(0.080 9)	(0.081 2)
kl		0.505***	0.582**	0.541**
		(0.165)	(0.258)	(0.272)
labpro			−0.102	−0.148
			(0.264)	(0.268)
ex				0.449*
				(0.269)
im				0.189
				(0.393)
常数项	−3.451***	−4.031***	−3.967***	−4.667***
	(0.945)	(0.951)	(0.967)	(1.074)
样本数	330	330	330	330
调整后的 R^2	0.162	0.187	0.188	0.197
行业数	22	22	22	22

表 7-11 数字化程度以及行业对外投资对于中、低技能劳动力相对工资的回归

	(1) wa_2	(2) wa_2	(3) wa_2	(4) wa_2
IT	−3.579***	−3.311***	−3.280***	−2.273***
	(0.817)	(0.795)	(0.8)	(0.806)
IT * IT	3.347***	2.997***	2.964***	2.145***
	(0.586)	(0.574)	(0.581)	(0.591)
OFDI	0.009 42***	0.006 20***	0.006 24***	0.004 63**
	(0.002 22)	(0.002 27)	(0.002 27)	(0.002 24)
inter	0.074 8***	0.064 3***	0.064 6***	0.062 7***
	(0.024 7)	(0.024 1)	(0.024 1)	(0.023 6)
kl		0.222***	0.200***	0.095 8
		(0.049 3)	(0.077 1)	(0.078 9)
labpro			0.029 1	0.047 7
			(0.079)	(0.077 7)
ex				0.094 9
				0.078 2
im				0.475***
				−0.114
常数项	0.834***	0.579**	0.561*	−0.061 1
	(0.287)	(0.284)	(0.289)	(0.312)
样本数	330	330	330	330
调整后的 R^2	0.512	0.543	0.543	0.573
行业数	22	22	22	22

7.3.4 稳健性检验

本章主要考察数字化背景下企业"走出去"战略对母国劳动力结构的影响,之前我们使用不同技能劳动力的相对就业以及相对工资之比作为解释变量进行回归,来说明劳动力结构的变动。为了证明回归结果的稳健性,我们保持解释变量不变,而将被解释变量更换为不同技能劳动力就业与平均工资的绝对量。通过比较不同回归中核心变量回归系数的相对大小来识别数字化与对外投资对于劳动力结构的影响。在稳健性检验中被解释变量分别为高、中、低技能劳动力就业量(H, M, L)以及高、中、低技能劳动力工资(H', M', L'),解释变量与基准回归保持一致,同时在中、低技能劳动力就业回归时加入数字化指数的二次项。由于在基准回归中,数字化对于工资的影响并未发现非线性的影响机制,所以在对于中、低劳动力工资的稳健回归中不再加入二次项。

表 7-12 和表 7-13 分别是数字化程度对就业与工资绝对量的回归,其核心解释变量为数字化指数。表 7-14 和表 7-15 分别是数字化程度与行业对外投资影响就业与工资绝对量的回归,其核心解释变量为数字化指数、对外投资及二者的交互项。

表 7-12 数字化程度影响就业绝对量的回归

	(1) H	(2) H	(3) H	(4) M	(5) M	(6) M	(7) M	(8) L	(9) L	(10) L
IT	11.76*** (0.779)	8.654*** (0.863)	6.745*** (0.833)	4.400*** (0.365)	5.859*** (0.411)	5.205*** (0.413)	0.165 (3.356)	−5.531 (4.256)	−13.25*** (3.985)	−8.481** (4.035)
IT * IT							3.689 (2.438)	5.731* (3.017)	12.86*** (2.865)	8.900*** (2.931)
kl		6.831*** (0.634)	5.411*** (0.608)		2.731*** (0.302)	2.237*** (0.301)	2.336*** (0.308)		2.011*** (0.36)	1.481*** (0.37)
labpro		−3.633*** (0.68)	−3.818*** (0.629)		−3.581*** (0.324)	−3.646*** (0.312)	−3.766*** (0.321)		−3.589*** (0.394)	−3.508*** (0.386)
ex			0.488*** (0.165)			0.188** (0.0819)	0.179** (0.082)			0.026 (0.0986)
im			6.794*** (0.815)			2.339*** (0.404)	2.160*** (0.42)			2.380*** (0.505)
常数项	−1.977*** (0.567)	−3.288*** (0.535)	−5.451*** (0.551)	5.760*** (0.266)	6.249*** (0.255)	5.495*** (0.273)	7.374*** (1.271)	9.718*** (1.497)	13.99*** (1.448)	11.34*** (1.528)
样本数	495	495	495	495	495	495	495	495	495	495
调整后的 R^2	0.331	0.49	0.566	0.24	0.4	0.448	0.45	0.08	0.231	0.267
行业数	33	33	33	33	33	33	33	33	33	33

表7-13 数字化程度影响工资绝对量的回归

	(1)	(2)	(3)	(4)	(5)	(6)	(7)	(8)	(9)
	H'	H'	H'	M'	M'	M'	L'	L'	L'
IT	13.65***	3.808***	3.152***	12.29***	3.083***	2.623***	10.79***	2.151***	1.825***
	(0.698)	(0.472)	(0.481)	(0.649)	(0.428)	(0.442)	(0.61)	(0.401)	(0.417)
kl		0.357	−0.11		−0.116	−0.433		−0.472	−0.671**
		(0.347)	(0.351)		(0.315)	(0.322)		(0.295)	(0.304)
labpro		7.428***	7.370***		7.356***	7.318***		7.219***	7.199***
		(0.372)	(0.363)		(0.338)	(0.333)		(0.316)	(0.315)
ex			0.107			0.045 1			−0.043 6
			(0.095 4)			(0.087 6)			(0.082 6)
im			2.300***			1.596***			1.090***
			(0.47)			(0.432)			(0.407)
常数项	−7.703***	−11.40***	−12.10***	−7.007***	−10.46***	−10.93***	−6.056***	−9.283***	−9.575***
	(0.508)	(0.292)	(0.318)	(0.472)	(0.265)	(0.292)	(0.444)	(0.249)	(0.275)
样本数	495	495	495	495	495	495	495	495	495
调整后的 R^2	0.453	0.845	0.853	0.438	0.848	0.852	0.404	0.84	0.842
行业数	33	33	33	33	33	33	33	33	33

表 7-14 数字化程度与行业对外投资影响就业绝对量的回归

	(1) H	(2) H	(3) H	(4) M	(5) M	(6) M	(7) M	(8) L	(9) L	(10) L
IT	10.41***	10.77***	9.366***	4.331***	7.114***	6.669***	-3.529	-7.5	-13.68***	-12.17**
	(0.993)	(1.114)	(1.087)	(0.533)	(0.554)	(0.557)	(4.245)	(5.401)	(4.665)	(4.801)
IT*IT							7.536**	7.121*	14.05***	12.75***
							(3.111)	(3.872)	(3.387)	(3.518)
lnofdi	0.116***	0.0784***	0.0584**	0.0260*	0.0340***	0.0283**	0.0273**	0.0232	0.0371***	0.0359***
	(0.0246)	(0.0239)	(0.0231)	(0.0132)	(0.0119)	(0.0119)	(0.0118)	(0.0147)	(0.0133)	(0.0133)
inter	1.230***	1.083***	1.001***	0.347**	0.395***	0.379***	-0.304**	0.191	0.197	0.23
	(0.264)	(0.245)	(0.236)	(0.142)	(0.122)	(0.121)	(0.124)	(0.163)	(0.141)	(0.14)
kl		6.181***	4.772***		2.522***	2.049***	2.156***		1.978***	1.616**
		(0.814)	(0.813)		(0.405)	(0.416)	(0.415)		(0.45)	(0.47)
labpro		-5.239***	-4.976***		-4.299***	-4.173***	-4.322***		-4.394***	-4.174***
		(0.825)	(0.796)		(0.41)	(0.408)	(0.409)		(0.46)	(0.463)
ex			-0.217			-0.315	-0.429			-0.878*
			(0.805)			(0.412)	(0.412)			(0.466)
im			6.559***			2.196***	1.828***			1.640**
			(1.142)			(0.585)	(0.6)			(0.678)
常数项	-2.744***	-3.113***	-5.462***	5.362***	6.055***	5.386***	9.241***	10.46***	14.73***	13.91***
	(0.652)	(0.637)	(0.791)	(0.35)	(0.316)	(0.406)	(1.641)	(1.896)	(1.683)	(1.856)
样本数	330	330	330	330	330	330	330	330	330	330
调整后的 R^2	0.43	0.522	0.571	0.258	0.467	0.491	0.501	0.11	0.351	0.368
样本数	22	22	22	22	22	22	22	22	22	22

表 7-15 数字化程度与行业对外投资影响工资绝对量的回归

	(1) H'	(2) H'	(3) H'	(4) M'	(5) M'	(6) M'	(7) L'	(8) L'	(9) L'
IT	10.63***	2.268***	1.938***	9.785***	1.649***	1.429***	8.724***	0.882*	0.800*
	(0.809)	(0.526)	(0.533)	(0.776)	(0.487)	(0.497)	(0.743)	(0.458)	(0.471)
lnaofix	0.155***	0.073 3***	0.066 9***	0.140***	0.061 5***	0.057 1***	0.129***	0.054 3***	0.052 2***
	(0.02)	(0.011 3)	(0.011 4)	(0.019 2)	(0.010 5)	(0.010 6)	(0.018 4)	(0.009 84)	(0.01)
inter	0.393*	0.018	−0.03	0.334	−0.026 6	−0.059 7	0.219	−0.125	−0.144
	(0.215)	(0.116)	(0.116)	(0.207)	(0.107)	(0.108)	(0.198)	(0.101)	(0.102)
kl		1.215***	0.956**		1.002***	0.831**		0.813**	0.766**
		(0.385)	(0.399)		(0.356)	(0.372)		(0.335)	(0.352)
labpro		5.874***	5.816***		5.861***	5.819***		5.772***	5.729***
		(0.389)	(0.391)		(0.36)	(0.364)		(0.339)	(0.345)
ex			0.647			0.459			0.332
			(0.395)			(0.368)			(0.348)
im			1.227**			0.809			0.23
			(0.56)			(0.522)			(0.495)
常数项	−7.291***	−10.06***	−10.83***	−6.788***	−9.466***	−9.992***	−6.017***	−8.586***	−8.833***
	(0.531)	(0.301)	(0.388)	(0.509)	(0.278)	(0.362)	(0.488)	(0.262)	(0.343)
样本数	330	330	330	330	330	330	330	330	330
调整后的 R^2	0.57	0.879	0.883	0.546	0.881	0.883	0.516	0.877	0.878
行业数	22	22	22	22	22	22	22	22	22

比较表 7-12 列(3)和列(6)对就业量的回归中数字化指数的系数可以发现,数字化对高技能劳动力就业量的提升作用大于对中等技能劳动力的提升。比较表 7-13 列(3)和列(4)对工资的回归中数字化指数的系数可以看出,数字化对高技能劳动力工资的提升作用大于对中等技能劳动力工资的提升。数字化能同时提高就业和工资,这说明数字化深入通过提升高、中技能劳动力需求而导致劳动需求结构的改变。

表 7-12 列(10)中数字化对于低等劳动力就业的边际效应为:$17.8 \times IT - 8.481$,而列(6)中数字化对于中等劳动力就业的边际效应为 5.205。当数字化水平低于 0.768 9 时,数字化对于中等劳动力就业的边际效应大于对低等劳动力就业的边际效应,而数字化水平高于 0.768 9 时则相反。这说明当数字化水平较低时,数字化水平的提升会使得中等技能劳动力就业的增加大于低等技能劳动力就业的增加,而数字化水平达到一定程度后则出现相反的情况。比较表 7-13 列(6)和列(9)对工资的回归中数字化指数的系数可以看出,数字化对中等技能劳动力工资的提升作用大于对低等技能工资的提升。结合就业和工资的结论来看,数字化程度较低时,相对就业和工资同时提升,这说明中、低技能劳动力结构的变动主要是由劳动力需求提升所造成的;当数字化程度越过门槛值后,中、低技能劳动力相对就业下降的同时,相对工资则在上升,这主要是劳动力供给变化所造成的结果。

表 7-14 和表 7-15 中的数字化对于就业结构的变化与之前一致。表 7-14 列(3)和列(6)中的对外投资的系数都为正,并且对高等技能劳动力回归的系数大于对中等技能劳动力回归的系数,说明对外投资提高会增加高、中技能劳动力相对就业,且对高技能劳动力的增加作用更大。比较列(7)和列(10)对外投资的增加同样会增加中、低技能劳动力就业,但对低技能劳动力的增加作用更大。因此对外投资的增加会使高、低技能劳动力的增速大于中等技能劳动力的增速,进而造成倒 U 形的就业极化。表 7-14 列(3)和列(6)中交互项的系数同样为正,并且对高等技能劳动力回归的系数大于对中等技能劳动力回归的系数,这说明数字化对于就业的边际效应将会随着对外投资的增大而增大,且对高技能劳动力的增加作用更大。在数字化不断深入的大背景下,企业的对外投资行为将会造成高等技能劳动力的增速大于中等技能劳动力的增速。稳健性回归的结论与基准回归的结论基本一致,说明基于实证回归得到的结论具有稳健性。

7.4 小　　结

本章通过对于中国劳动力数据的实证研究,发现数字化和对外投资从不同侧面都在影响着劳动力的需求。研究发现,首先,数字化程度的提升不仅不会造成劳动力需求的减少,反而会提供更多的就业机会。其次,不同的数字化程度会形成不同劳动力结构,当行业数字化水平较低时,数字化的提高会增加相对技能较高的劳动力需求。而行业数字化程度达到一定水平后,则会出现高技能劳动力和低技能劳动力就业相对增加、中等技能劳动力就业却相对减少的倒U形就业极化现象。最后,在数字化不断深入的趋势下,企业的对外投资将进一步加深倒U形的就业极化现象。

在中国企业"走出去"步入新常态和数字化经济不断深入的背景下,上述结论具有丰富的政策含义。一方面我国需要加强自主研发创新,努力向高附加值的价值链生产环节提升,从而增加对高技能劳动力的相对需求。另一方面也要提高教育水平,增加受教育年限,提高中、低技能劳动力技术水平,从而弥补高技能劳动力短缺的问题,进而不断优化中国劳动力就业结构。

第 8 章　数字经济战略下中国企业高质量"走出去"与和谐劳动力市场培育

本书着重解答企业"走出去"如何影响劳动力市场这一问题。对此,本章结合前文实证研究,具体提出了数字经济战略背景下中国企业"走出去"与劳动力市场和谐培育的政策建议,包括完善相关法律法规建设,营造安全稳定的投资环境;借助数字经济战略,加快产业向高端生产与智能制造转型;积极推动企业抱团"走出去",重视数字经济相关标准的国际化输出等。

8.1　数字经济战略下中国企业高质量"走出去"的政策选择

随着数字经济的快速发展与对外直接投资的持续深化,我国要以"一带一路"沿线国家发展策略为契机,发展"一带一路"数字经济,以数字经济发展为导向促进我国企业高质量"走出去",这有利于推动我国经济从要素驱动转向创新驱动,推动我国经济向高质量发展转变。同时,发挥数字经济优势和效应,不仅可以推动"一带一路"相关国家抓住数字化发展机遇,促进数字要素资源创新集聚和高效配置,带动产业融合发展与转型升级,形成合作共赢的发展态势,还有利于助推"一带一路"建设参与国提升信息化水平,积累新的国际竞争优势,实现跨越式发展。我国应紧抓机遇,大力发展"一带一路"数字经济,推动企业高质量"走出去",提升我国企业国际竞争力,提升劳动力收入,为全球增长注入中国动力。

8.1.1　完善相关法律法规建设,营造安全稳定的投资环境

在当下,经济全球化使得我国企业"走出去"已然成为一种趋势。我国正处于经济结构转型升级与新一轮科技革命、产业变革的历史交汇期,新旧动能接续转换的客观要求日趋紧迫,高端生产、智能制造成为新热点,实体经济利用数字经济不断扩展,新

模式新产业不断涌现,数字经济将会改变我国企业传统"走出去"的范式,为我国企业"走出去"带来了新的变革。数字化将带动我国传统产业向信息化转型升级,甚至会促进"走出去"企业发展成为全球性的数字内容企业;会加强企业"走出去"过程中对网络信息基础设施的建设;还会推动"走出去"企业进行产业的整合与优化升级。目前,中国移动互联网应用、分享经济等新业态出现,在全球范围内配置资源、进行战略布局,加速产业链的全球化发展,并向全球价值链高端延伸。然而在现阶段,我国企业"走出去"的现状还不尽理想。企业在"走出去"的过程中对投资风险的评估和防范能力还比较弱,跨国经营管理经验存在不足,国际人才短缺;"走出去"的企业在国际竞争力、技术创新能力、市场影响力、品牌知名度等方面与全球性的跨国公司相比还存在明显差距;关于"走出去"的法律政策还有待进一步完善。

第一,要抓紧建立企业"走出去"的一整套法律体系框架,尽快出台《境外投资法条例》和《跨国公司法》等相关法律法规,用法律性文件替代政策性文件,规范引导国内企业"走出去"的合规性。尤其是近年来,伴随数字经济发展逐步增多的由网络空间安全问题所引致的合规性风险,值得警惕。所以要建立和完善"走出去"的各项法律、法规、政策。在完善法律法规方面我国政府首先应积极推进同有关国家商谈并签订投资保护协定。保护我国对外投资者,使其免受因发生战争、没收、汇款限制等非常风险而带来的损失,促进同缔约国之间互利的投资合作。其次应积极推进同有关国家商签避免双重征税协定,减轻我国对外投资企业的负担。最后利用多边投资担保机构公约的有关条款保护我国对外投资企业的利益。在政策方面,政府要加大对"走出去"企业的税收、融资政策的支持力度。

第二,需要提供完善的信息咨询服务。主要方式有加速建立政府主导的对外投资国别地区项目库,为企业提供及时有价值的信息;成立中国对外直接投资专门机构,全面提供各国及地区的政治、经济等投资环境,当地外商投资条件,当地投资程序及其他基础信息,提供介绍合作伙伴、合作项目等直接贸易促进服务;由政府资助,由相关机构对境外投资企业立项建议书和可行性研究报告提供技术层面的帮助;中国驻海外的商贸代表履行好为中国企业到海外投资的咨询服务任务。再者,还应该加大企业"走出去"政策支持的力度,不仅要"走出去"还要"走进去";为我国企业在财政政策、税收政策、信贷政策、金融政策和保险政策等方面提供便利。例如推广自由贸易试验区的相关政策,逐步建立和完善国家信贷担保制度,允许海外企业通过发行股票、债券等方式筹措资金并提供流动资金贷款等各种金融服务。除此之外,还应加快构建以企业跨境数据流动为代表的"走出去"数据信息安全保护体系,提高海外企业维权意识,维护信息安全的合法利益。

近年来,逆全球化思潮及数据跨境流动的多重限制给我国企业"走出去"带来新的挑战,尤其是"一带一路"沿线各国因地缘政治、安全形势复杂所引致的风险,极易造成海外投资损失。因此,我国首先要建立海外投资安全保障机制,签订双边投资协定,重视评估和防范国际投资和经营风险。重视对东道国的事前投资风险评估,全面制定风险防范机制;同时要注重事后价值整合、文化融合和全球品牌的建立以防范经营风险。其次,要重视企业数据安全,积极构建信息安全网络。借鉴英国、美国等发达国家关于构建网络安全的相关政策,完善网络安全相关细则,推动《网络安全法》的进一步落实。制定安全防护措施,注重数据所有权、使用权和监管权,严格处理网络安全行为,为网络信息安全提供可靠的保障,营造安全的网络环境。最后,要注重投资市场风险评估和防范,建立健全投资担保等风险防控机制,加强海外投资风险监测以及对"一带一路"沿线国家市场的风险评估,为企业"走出去"创造安全稳定的投资环境。

8.1.2 借助数字经济战略,加快产业向高端生产与智能制造转型

中国国内经济长期依托粗放型的产业结构发展,过度依靠投资、拉动内需和出口的发展模式,导致了目前国内存在普遍性的中低端产能过剩,人口等红利消失殆尽,国内市场竞争激烈,利润快速下滑,部分行业企业生存压力大,面临"三去一补",供给侧结构性调整、转型与创新等严峻现实问题,部分行业中的一些企业失去了优势竞争力。但这些企业其实拥有丰富的产业资源、先进的技术水平、成熟的管理经验,已经具备了"走出去"的能力。从全球视角来看,上述企业的富余产能恰恰可以在很多综合生产要素成本低、市场需求空间大的"一带一路"沿线国家和非沿线发展中国家得到有效释放。通过海外投资,在推动投资地产业发展的同时,也可实现产业合理的商业估值。遭受反倾销、反补贴、配额限制等贸易壁垒的产业,可以通过海外投资,充分享受投资地政府给予的各种优惠政策,还可根据投资地政府与欧美等发达国家和区域经济共同体签订的双边和多边投资贸易协定,享受欧美等发达国家和区域共同体免关税、无贸易壁垒的优惠政策。

借助数字经济的发展机遇,努力实现企业"走出去"的战略新升级成为迫切需求。对此,一是要逐步推动产业转型升级,增强对全球资源的配置能力。我国可以借助数字经济在全球的蓬勃发展,大力推动物联网、人工智能等相关领域的技术研发创新,挖掘互联网发展红利,并培育自身的技术优势。二是要加快制造业向"高端智能化"转型。产品附加值低、生产成本高、技术研发后劲不足,数字化人才缺失是我国制造业遭遇转型升级瓶颈的主要原因。三是进一步发展壮大数字服务业,推动高端生产、智能

制造成为我国企业"走出去"的新方向,为我国开通新的投资领域。四是要选择"走出去"的重点行业领域,发挥集聚优势。各地区应结合经济发展和转型升级的需求,分析选择"走出去"的重点产业,制定未来"走出去"的重点支持方向和鼓励政策。

长期以来的历史经验证明,自主创新是中国数字经济发展的生命线。提升企业创新能力,引导国内产业升级是当下形势的必然选择。随着"一带一路"倡议的逐步推进,中国企业在研发、技术、品牌上将进行新的投入。"走出去"还应该结合高端前沿技术的引进,二者互相补充,推动企业发展模式、技术水平、商业模式的改革、创新和显著提高,从而引导国内产业再升级,在全球产业链中占据更高地位。推动供给侧结构性改革,转换发展模式。在参与"一带一路"建设的过程中,中国企业应结合中央提出的供给侧结构性改革,有意识地将发展方式从投资驱动转向创新驱动,将产品服务从劳动密集型转向技术密集型,真正发挥中国企业引领市场、创造需求的作用。通过在全球范围内进行优质资源的匹配,进一步夯实国内市场的优势地位,转换发展模式。提升国企改革与管理能力,加强与当地文化的融合。在"一带一路"背景下,国有企业通过"走出去",可与沿路国家和地区加强国际产能和装备制造合作。上述合作有利于企业用好"两种资源、两个市场",实现资源高效配置,保持我国中高速经济增长,提升技术、增强核心竞争力。"走出去"的同时,我们不但需要积极面对不同文化、宗教、法律体系下的企业运营和管理,而且需要将中国文化、中国企业尤其是国有企业在公司治理方面的优势与投资地文化进行有效对接和融合,这将显著提升中国企业尤其是国有企业的公司治理能力。在当今全球经济的调整期,企业在"一带一路"背景下尽快走出去,既是响应国家号召的积极步伐,也是解决自身发展问题的重要途径,还能够推动自身的改革与升级转型。

面对数字化的新发展机遇,数字经济将会重塑企业"走出去"的结构。首先,"走出去"的企业在经营活动中数字技术含量日益增多,技术创新更加显著。其次,数字技术与实体经济深度融合,实体经济"走出去"正在全面数字化转型。最后,"走出去"的企业借助数字经济不断重组和优化产业结构,以提升企业本身的数字化产业内容。同时,数字经济也为企业"走出去"带来了严峻的挑战。一是,数字经济背景下,"走出去"合规性隐患初现,隐形壁垒时有发生。二是,"一带一路"沿线国家文化融合不当,会造成海外本土化经营困难。三是,数字经济的发展还给企业"走出去"带来了很多不确定性,尤其是在投资安全方面将会面临更大的挑战,这要求企业在"走出去"的同时加强信息安全以及数据主权的保护。

"走出去"企业要以大数据为纽带,坚持科技引领、市场主导、企业主体,促进产学研深度融合,打造数字共享平台,形成数据驱动、跨界融合、万物互联、开放协同的数字经济创新形态。加强基础性、原创性技术研发,完善数据产权保护制度,形成数据驱动型创新体系和发展模式,将数字经济发展的主导权牢牢掌握在自己手中。加快实体经济和数字经济、工业化和信息化深度融合,通过共建数字丝绸之路提高数字互联互通水平,推动"一带一路"信息化发展,打造新的合作增长点。加快推进数字经济引领的新经济形态产业开发合作,如智能经济、共享经济、平台经济、信用经济、绿色经济、蓝色经济等,构建共建共享的产业链、价值链、创新链、技术链、资金链等,引领全球创新发展方向。加大"一带一路"数字贸易、电子商务务实合作。加强与联合国国际电信联盟、世界知识产权组织、世界互联网大会、上海合作组织、亚太经合组织等国际组织或平台协调配合,从改善"一带一路"数字经济发展生态环境和加强"一带一路"数字能力建设出发,完善数字经济对话协商机制,为"一带一路"数字经济国际合作营造有利的外部氛围。

进一步扩大中国企业对发达经济体的对外投资,使其充分发挥自身的比较优势,尽量发挥其对国内积极的就业创造效应。服务业作为对外投资主导,应该引导更多的高水平服务业企业对外直接投资,扩大自身的市场以及提升创新技术能力,最终利用反哺效应来带动国内高技术及管理类人才就业,提升就业质量。深入落实国务院《关于进一步做好新形势下就业创业工作的意见》(2015)中大力发展金融租赁、节能环保、电子商务、现代物流等生产性服务业和旅游休闲、健康养老和家庭服务等吸纳就业能力强的服务产业的基本要求,强化服务业的就业带动作用。同时要加快推进相关垄断服务业对社会资本和外资开放,缓解由制造业转型升级和经济增速放缓带来的就业压力。

8.1.3 积极推动企业抱团"走出去",重视数字经济相关标准的国际化输出

作为"走出去"主体的企业,要制定符合自身情况的"走出去"战略,优化"走出去"路径和方式。其中,较具代表性的是,近年来逐步兴起的基于建立境外经贸合作区的企业抱团式"走出去",通过共同开拓海外市场,也已成为企业间优势互补、分散海外投资风险的新模式。此举一方面可以推动抱团式企业共同"走出去",增强企业的综合技术实力,全面提升中国服务"一带一路"倡议的产业力量。另一方面,还将大大降低单个企业"走出去"过程中面临的市场竞争、投资安全等各种风险,并为国内已经形成行业集聚优势的企业抱团"走出去"提供更多的发展空间。不仅如此,在此过程中还要利用"一带一路"倡议深入推进的契机,借鉴美、英、日、印等国经验,推进数字经济关键领域的标准制定,实现中国标准"走出去"。相关企业通过抱团力量,可围绕关键信息基

础设施、网络犯罪、网络攻击、网络恐怖主义等核心议题开展项目合作,助推中国标准的实施与落地;同时,借助中国数字经济的发展实践,积极开展同国际组织、沿线发达国家在网络新兴技术方面的合作,推动标准互认,提升中国数字经济企业的国际话语权和影响力。

鼓励企业"抱团式"走出去的同时,更重要的是提高企业核心竞争力,企业的核心竞争力主要表现在经济实力、人才优势、管理能力、营销网络等。要全面提升企业核心竞争力首先可以用优质的服务提升品牌形象,优质的服务是消费者购买产品并且获得满足的根本保障,因此必须注重终端服务人员的培训工作,不断提升服务人员的专业素养和销售技巧。其次以信息化为动力,加强企业信息化建设,强化企业财务管理,促进管理创新,为企业带来巨大的经济效益。确立明确的跨国战略投资目标。企业"走出去"到海外投资一定是一种战略性投资,因此企业应树立长远的经营思想和正确的经营目标。一些成功的大公司的经验告诉我们,要在海外取得成功,就必须是从长期利益出发,先立足,后扎根,再发展,最终目标是全球战略市场。企业必须建立有效的人才管理机制来留住和吸引人才。企业首先应合理地选用人才,一方面政府和企业要把国内懂管理、善经营的战略型经营管理人才外派到海外企业担当要职,以保证"走出去"企业的正确经营理念和有效运作。另一方面要实现经营管理人员当地化,从东道国当地选取优秀的经营管理人才担当我国海外企业的经营管理人员,既弥补我国外派人员的不足又可以因东道国人员熟悉当地环境而保证经营决策的正确性。其次,建立合理、科学的人才激励机制。人才激励不能局限于普通员工,也要考虑企业高层。注重从系统角度出发,在建立良好大环境下实现人才的最优配置,注重对人才的培训,激发人才的最大潜能。

鼓励企业因地制宜"走出去",重视数字经济相关标准的国际化输出,增加对外直接投资成功率。中国企业积极走出国门顺应了"一带一路"倡议,符合全球经济一体化的趋势,应当鼓励。但同时更需冷静分析、审慎决策,因为我们不仅需要"走出去",更需要成功地"走进去",实现"走出去"的商业价值和战略目标。因为企业自身策划投资战略就是要根据企业自身的特点和需要,结合投资地的特点和需要,采用最为合适的投资方式,成功实现企业海外投资和与投资地的利益共赢。企业制定国际化战略,要尊重市场规律。无论是民营企业还是国有企业,都无法突破市场规律的制约,都应以市场的眼光来规划产业,即所谓的市场引导型经济。市场引导型经济要求一切以市场为出发点,合理制定企业国际化战略[①]。因为只有受到市场欢迎和推崇的技术才能够

---

① 法律教育网 http://www.chinalawedu.com/web/23182/jx1707079173.shtml。

带来近期和远期的商业价值,才符合市场经济下企业追求利润最大化的本质属性。把握市场的核心是人口。通过人口分析能够测算出可消费人口、市场容量及成长性,从而做出适当判断。企业制定国际化战略,还要充分考虑其行业特点,更需综合考量人才储备、管理半径、政治与外交关系、文化冲突、投资法律制度、域外行业产业链情况等各种因素。不同行业的国际化战略,其核心也不尽相同。比如,食品和旅游行业制定国际化战略时,应重点把握如何继续消费中国人口和中国市场这个全球最大的红利,以此为基础来促进本企业的转型升级与发展,进一步夯实企业在境内的市场地位。比如技术密集型的企业,如果在欧美发达国家设立技术研究院或积极收购产业高端领先技术,在实施之前既要考虑反垄断和国家安全审查问题,还应充分考虑并兼顾对国际市场的开拓与占领。再比如,可否双边贸易先行,在对市场充分了解的基础上再行决策是否投资跟进。

拟"走出去"的企业进行海外投资应充分考虑自身情况与投资地的全面契合。作为响应国家"一带一路"倡议号召,准备走出国门进行海外投资的国有企业,在因企制宜制定出合理的国际化战略后,应充分调研,最终选择与自身特点和需求最为契合的投资地开展海外业务。企业应充分了解投资地的资源分布、产业结构、与企业所处行业相关的市场情况、企业在所处行业的竞争态势、市场定位、自己的优势和劣势所在。通过对行业和市场进行充分调查和了解,做到知己知彼,这样才能够准确定位,发现真正合适的投资机会。企业应充分了解投资地的法律和文化,结合自身的产业和经营特点,寻找法律和文化风险更少的投资地进行投资。应充分核实投资公司所在地有管辖权的法律体系的具体情况。例如非洲的某些部落可能因为酋长为首领,而无须遵守所在国家的法律,即该部落免于所在国家的法律管辖,而是按照部落的自制规则进行管理。这种情况下,如果仅仅调研了上述非洲国家的法律而投资地却实际位于部落领地内,则可能因为调研不足,盲目自信而导致后期法律风险,致使投资成本过于昂贵而导致失败。经济是命脉,文化只是软实力。然而,在海外投资中因企制宜寻找投资地的过程中,要充分重视投资地的文化、宗教和传统。作为海外投资主要力量的中国企业应清晰定位自己,找准自己在"走出去"的具体位置,充分考虑企业所处行业,并结合自身在资金、技术、人力方面的优势和劣势,寻找与自身特点和需求极为匹配的投资地,量体裁衣,因企制宜,科学决策,为成功"走出去"打下坚实基础。

8.1.4 推进数字经济与"走出去"企业深度融合,提升中小、民营企业海外抗风险能力

随着"一带一路"倡议和"走出去"战略的实施,越来越多的企业将发展的目光投向

了海外。其中,民营企业作为一支重要力量,在中国企业海外投资中发挥着"主力军"的作用。在参与国家"一带一路"倡议中,据保守统计,我国企业有5万多家,其中民企超过90%。而海外非金融类对外投资存量,2016年已超过12 000亿美元,其中民企占比约为1/4;流量达到1 800亿美元,民企占比首次超过国企,接近60%。这一比例,在2008年只有14%,2010年为29%,2013年达到35%,2015年占到45%。据有关专业调查机构的数据显示,2016年共计有65家上市公司进行了海外并购活动,其中民企有45家,占比达到69.23%。在中国海外投资大军中,数量众多的民营企业毫无悬念地成为一支重要力量,甚至占据"主力军"的地位。这些数字告诉我们,民营企业已经成为社会经济发展不可小觑的一股力量。但是目前来看,民企在海外投资和国际经济合作交流中问题多多,矛盾重重。除了一些上市公司和大型民企具有一定抗风险能力,多数民企很难抵御境外风险。风险问题主要体现在政治风险、经济风险、法律风险、安全风险和管理风险等。

针对以上风险,第一,对外投资的民营企业应做好企业全球化顶层设计。无论企业规模和行业,任何企业"走出去"都应该知己知彼,对未来长远发展进行运筹帷幄。其中,对全球经济发展以及所处行业的国内外市场变化趋势,以及目标国政治、经济、安全与法律状况,跨文化管理和企业自身条件进行专业评估。坚持做到,做足功课和有准备地"走出去"。

第二,搞好具体项目的调研论证。在对外投资之前,企业一定要加强对投资目标国各方面信息的综合调研,包括社会人文环境、法律环境、项目现场勘查、施工资源信息、是否有技术控制、与项目研发团队的关系、自然条件、有无流行性疾病和不可抗力事件等。同时,进行国际市场行情变化的分析预测,对未来行业发展趋势做出清晰判断。

第三,尽最大可能进行本土化经营。企业海外投资的本土化经营既可解决跨文化管理问题,又可以凭借本土化资源处理好与当地政府、议会及社区的关系,建立良好的沟通渠道,承担必要的社会责任。通过当地雇工、依法经营、纳税并建立良好的中资企业的正面形象也能争取政府、社会及当地居民对项目的理解、支持,规避投资风险。

第四,采取积极措施规避市场风险。在规避市场汇率风险方面尽可能采用银行等金融机构提供的金融工具,为自身提高控制汇率风险能力,如远期合同套期保值、货币期货套期保值、货币期权套期保值以及汇率锁定等。从利率市场化角度,为规避利率风险,贷款可采用不同期限贷款的合理组合来降低总的利息支出。同时,关注该国经济发展走向,延长产业链,实现与上游贷款的来源地与下游市场的互补与联动,互相促进、共同发展,减少市场波动带来的风险。

第五,强化海外企业的综合管控能力。海外企业不同于国内,要有更多的管控能力才能及时解决随时遇到的各类复杂问题。企业可以通过设立海外办事机构和海外投资平台,建立统一领导、明确分工、协同作战的组织保障;外部引进激励机制、合理薪酬,建立高素质的国际化人才保障;通过高效、多形式的资金运作模式形成资金保障,以及采取多种形式对用工成本控制等,以确保企业管理的高效可控和健康运行。

在数字经济快速发展的时代背景下,民营企业需要加快推进互联网、大数据、人工智能和实体经济深度融合;而数字经济作为现代经济系统的发动机,将在全球范围内广泛使用并由此快速驱动整个实体经济的内外整合与转型升级。而典型的表现便是数字经济与企业"走出去"在动机、技术、结构和特征等诸多方面的融合,为当下企业"走出去"赋予了新的时代特征。对此,要借助新一轮数字经济发展契机,加快技术改造,提升设备先进水平。加快技术改造和创新提升,包括淘汰落后工艺技术和设备,加快高端纺织机械研发,保证国产装备占有率。适当引进国外先进设备,加快新技术的消化吸收和再创新。深入推进信息通信技术、网络技术、大数据、人工智能等数字技术与先进制造业、现代供应链等"走出去"企业的深度融合。一方面,逐步改变大型国有企业在全球化中的主导角色,鼓励中小企业借助云计算、大数据等多种互联网基础设施和商业平台从事国际化活动,并通过计算和数据形成智慧支撑,提升自身海外抗风险能力。另一方面,结合数字经济发展势头,大力推进民营科技企业"走出去"。积极利用民营科技企业对技术创新、品牌战略及营销模式等的创新优势及机制灵活的形式,通过深度融合发展,逐步培育其海外抗风险能力与全球竞争优势。

数字经济引领未来全球经济发展,也是全球竞争的新领域及制高点。随着全球数字经济的发展,开展国际合作,构建数字经济时代的国际规则成为各国关注的焦点。未来几年,将是国际数字经济发展和规则形成的时期,也是我国要发挥主动引领作用的关键时期。以计算机、网络、通信为代表的现代信息技术革命催生了数字经济。目前,数字技术正广泛应用于现代经济活动中,提高了经济效率,促进了经济结构加速转变,正在成为全球经济复苏的重要驱动力。对于中国来说,数字经济既是经济转型增长的新变量,也是经济提质增效的新蓝海。我们要把握新的历史契机,以信息化培育新动能,用新动能推动新发展,重力挖掘众多民营企业的创新潜力,大力发挥众多民营企业的创新能力,做大做强数字经济,拓展经济发展新空间。

8.2　协同推进中国企业高质量"走出去"与和谐劳动力市场培育

随着我国实施"走出去"战略以来,我国对外直接投资规模已实现连续 13 年的快速增长,对外直接投资显著地促进了我国经济的快速发展。我们研究发现,我国对外直接投资显著增加了个体的收入水平,并且这种正向的促进作用更多地体现在服务行业中。同时我们发现我国对外直接投资对高技能个体收入水平的促进作用要大于对低技能个体收入水平的促进作用;我国对外直接投资对男性个体收入水平的促进作用要大于对女性个体收入水平的促进作用,即我国对外直接投资扩大了我国技能收入差距和性别收入差距。从分年份的研究中发现我国对外直接投资对工资的提升作用越来越大,并且我国对外直接投资对于扩大性别工资差距的作用也在逐渐增强。此外本书还发现我国行业对外直接投资增加了本行业的工资收入水平,但却降低了关联行业的工资收入水平。

从数字经济发展角度的实证研究中我们发现,数字化和对外投资从不同侧面影响着劳动力的需求。首先,数字化程度的提升,不仅不会造成劳动力需求的减少,反而会提供更多的就业机会。其次,不同的数字化程度会形成不同劳动力结构,当行业数字化水平较低时,数字化的提高会增加相对技能较高的劳动力需求。而行业数字化程度达到一定水平后,则会出现高技能劳动力和低技能劳动力就业相对增加、中等技能劳动力就业却相对减少的倒 U 形就业极化现象。最后,在数字化不断深入的趋势下,企业的对外投资将进一步加深倒 U 形的就业极化现象。

在数字经济发展背景下,积极推动中国企业高质量向外"走出去"的同时,我们也需要关注中国劳动力市场的就业极化现象,尽力积极释放企业"走出去"对母国就业结构调节的正向效应,并且缓解中等技能劳动力就业状况恶化的极化现象。在着力推动中高技术企业"走出去"的同时,尽量避免由于产业国际转移所导致的就业替代效应,平衡不同技术行业对外直接投资对就业性别结构和技能结构的影响作用。既要考虑中高技术行业对外直接投资对就业结构的影响作用,也要推动具备产业基础和国际竞争力的高技术企业"走出去",优化就业的技能结构。同时,支持创业带动就业,增加就业岗位途径的同时,积极引导和带动我国创新创业的发展,推进产业结构升级;将创新创业与产业结构调整有机结合,释放其对劳动力市场就业的改善作用,着力解决结构性就业问题,促进就业结构的合理配置。在鼓励和促进企业"走出去"的同时,应充分发挥对外直接投资对国内劳动力市场的良性作用,建立和完善相应的对外直接投资的收入分配机制,避免和减轻对外直接投资扩大收入差距的负面效应;在扩大对外直接投资规模的同时,我国应通过政策的引导或财税方面的鼓励提高我国企业对外来技术的吸收能力,加强对外直接投资的逆向技术溢出效应,同时我国还应努力实现劳动报酬增长和劳动生产率的同步提高,确保员工也能在对外直接投资的飞速发展中获取利益。总之,我国在加速实施"走出去"战略的同时,还应增强企业的吸收能力和创新能力,促进我国生产技术的进步,优化劳动力市场,完善收入分配机制,从而实现利益的协调分配。

8.2.1 推动中国企业高质量"走出去",发挥对外直接投资积极劳动创造效应

对外直接投资不仅促进我国生产技术水平的进步,有利于创造更多的劳动需求,而且显著促进了我国员工工资水平的提升。我们要继续推进中国企业高质量"走出去",特别是在当今"一带一路"政策支持下,这有利于国内不断扩大就业规模。要继续推进结构调整,促进就业结构优化。不断扩大城镇就业需求,努力控制城镇失业率。由于劳动力需求是派生需求,所以劳动力需求的数量除受工资调节外,还要受产品市场需求的调节。因此,在劳动力市场上出现劳动力过剩现象时,政府需要运用宏观调控的手段对劳动力进行需求的合理调节。从宏观层面上看,积极的劳动力市场政策指以促进就业为取向的宏观政策体系,我国政府应当将就业作为经济增长的前提和经济运行的结果,而且要将之作为经济发展的基本目标,在产业结构和产业布局的调整以及经济增长方式和增长速度的确定等重要决策中,充分考虑对外直接投资的就业效应。因此我国应加快实施"走出去"战略,不断完善对外投资政策体系,深入推进双边务实合作,鼓励和支持企业"走出去"(江小敏 等,2018)。

相对于制造业,我国对外直接投资对服务业员工的工资水平提升作用更大,因此现阶段鼓励和支持服务业的发展与"走出去"不仅是产业转型升级的需要,也是提高收入水平的需要。因此我国应打破对一些服务业的垄断,鼓励国内服务企业积极参与市场竞争,为服务产业的发展创造一个公平的环境,努力提高我国服务业的国际竞争力。李克强总理指出,现在,中国许多工业品供过于求,而许多服务领域却供不应求,增加服务业有效供给,可释放巨大内需潜力,形成稳定增长的有力支撑,也会对结构优化产生放大效应。服务业还是最大的就业容纳器,大力发展服务业,有利于实现有就业、更环保、可持续的增长。要围绕协调推进"新四化"发展提升服务业,促进工业化和信息化深度融合、新型城镇化和农业现代化相辅相成。而要把服务业打造成经济社会可持续发展的新引擎,除了需要政府不断释放制度红利,以增加各类生产要素投入来实现外,如果不能增加服务业发展所需要的劳动力供给也是不行的。正如李克强总理所指出的那样,大力发展服务业,既是当前稳增长、保就业的重要举措,也是打造中国经济升级版的战略选择。为此,着力增加服务业发展所需要的劳动力供给很有必要。

首先,破解产业间劳动力转移难题。在人口红利优势逐步消退,农业部门可转移剩余劳动力有限的情形下,如何破解产业间劳动力转移难题,事关大局。当前,面向

2020年的城镇化发展规划正在抓紧制定中。在劳动力跨产业转移政策方面,政府应该以更大的勇气破除在户籍改革、土地制度、农村产权、发展规划等方面的体制机制障碍,真正落实农民工市民化,为"人的城镇化"出实招,尽可能让更多的劳动力能够留在城市,实现长久地在城市就业,为增加服务业劳动力的有效供给扫除障碍。

其次,提升服务业劳动生产率。产业间劳动生产率的差异是导致劳动力跨产业转移的重要因素。例如,当制造业劳动生产率与工资水平均高于农业时,大量农业人口就会转入制造业。事实上,服务业的劳动生产率增速在2005年后的大部分年份已经高于第二产业。与此同时,服务业的工资增速相对滞后,但在2012年已超过了第二产业。当前,在保持服务业的劳动生产率增速领先第二产业的同时,政策重点宜更多关注提升服务业的工资水平相对于第二产业的比较优势上来,从而整体提升服务业劳动生产率,带动资源再配置,促进服务业的劳动力供给上升。

再次,放松管制,促进供给释放。坚持社会主义市场经济的改革方向,以"简政放权"为契机,通过放松管制激发民间投资意愿,对增加有效供给可以发挥积极作用。例如,有研究表明,放松管制情况下,文化传媒、医疗服务、电信、金融、环保行业,因发展空间大,民间资本参与积极性较高,有利于相关行业有效供给快速释放;餐饮旅游,政府放松管制较早,尽管有效供给可释放空间不大,但民间资本仍保持一定的扩张意愿;商贸零售,有效供给释放的空间小,民间资本参与意愿偏弱。

最后,有效增加服务业的人力资本。服务业,特别是生产性服务业大多是知识密集型行业,对专业实践技能有较高的要求。2012年,我国高等教育毛入学率已达30%,大学生的劳动力供给相对充足,但职业教育发展明显滞后,服务业缺乏专业实践技能人才情况突出。为此,以"就业优先"战略为引领,如何统筹高等教育与职业教育的发展,以满足服务业对劳动力的需求,有效增加服务业的人力资本,应该引起有关方面的足够重视。

8.2.2 提升劳动力技能,大力推广职业技能教育与培训

提高教育水平,增加受教育年限,提高中、低技能劳动力技术水平,从而弥补高技能劳动力短缺状况,进而不断优化中国劳动者就业结构。相对于低技能员工,我国对外直接投资更多地增加了对高技能员工的需求,更大幅度地增加了高技能员工的工资水平,因此我国要逐步完善员工的培训机制和再教育体系,充分发挥政府的引导作用和企业的主体作用,可以考虑对实行员工培训机制的企业进行部分税收减免政策,以鼓励企业对低技能员工进行教育培训,大力提高低技能员工的技术水平和学习能力,

着力实现低技能员工向高技能的转变。加大人力资本投入,不断提高劳动力素质,是消除结构性失业和鼓励创业的优选途径。在城镇,逐步普及高中阶段教育是化解失业风险的重要手段。职业教育应成为高中阶段教育尤其是乡村高中阶段教育发展的重点,就业导向是其发展的重要原则。从实践来看,能够将劳动力市场需求与课程设置相结合的职业教育机构,才能得到很好的发展。因此,要加强与行业协会和企业合作,建立职业教育与就业岗位需求之间的纽带,适应经济发展需求。加大对职业教育教学设施的投资,使学校能够真正培养出具有较强操作能力的技术人员。推动教育和培训的地区合作,实现教育需求与教育资源、就业岗位供给与劳动力供给的有效配置。

一要在办学理念上创新。涉农职业院校人才培养要从注重单项技能向人的可持续发展转变。要瞄准农业产业链的中、高端技术人才方向办学,使学校不仅是学农、爱农、兴农高素质人才的摇篮,也是新型职业农民的孵化器、未来家庭农场主的培养基地。二要推进专业与产业的融合,紧跟农业产业结构的转型升级,建立对接产业的专业动态调整机制,专业设置与产业同步规划,实行跨专业融合的专业集群建设。三要改革人才培养方案,坚持立德树人根本任务,注重学生全面可持续发展。注重学生通识能力、个性发展、创新创业能力与专业技能"四位一体"同步培养。四要不断创新人才培养模式,依据农业生产特点和产业发展的需求,深化产教融合、校企合作,围绕产业需求共同开发课程体系和内容,更好地将教学成果转化为现实生产力。

第一,以市场需求为导向,赋予高校更大的办学自主权,教育机构加强与企业的对接,校企联合培养技术性高层次人才。第二,职业培训平民化,国家给予补贴,扶助农民工尤其是年轻一代农民工的技能提升。第三,逐渐建立企业为主体的职业技能培训供给模式。第四,弘扬工匠精神,完善职业化教育链条,打通入学、求学、求职、发展等全链条,建设多元的现代职业教育体系。第五,宏观层面,变总量控制性人口政策为服务型人口政策,从强调总量控制转为关注结构性的服务,从控制家庭与个人转变为支持家庭与个人。打破行政性和行业性垄断,促进人力资源的合理配置和流动,以机会公平为原则推动户籍、社会保障、教育等制度的改革,创造更好的人才流动、就业创业的环境。

8.2.3 减少就业市场性别歧视,增进劳动力市场的公平

进一步鼓励和支持女性接受高等教育和职业培训,增加劳动力市场中女性的议价能力,减轻劳动力市场中的性别歧视,以确保女性员工也能在飞速发展的对外投资中获得利益。就业歧视产生的间接原因在于传统等级制度背景下落后观念残余的影响

以及现代社会运行机制的某些缺陷。特别是身份歧视,我国身份歧视问题产生的主要原因在于封建等级观念残余的影响,以及各种历史因素所形成的二元制社会结构。在构建社会主义和谐社会过程中,关注并全面提高就业质量,缩小不同人口群体之间就业质量的差异,对维持社会稳定、保证社会公正非常重要。

劳动力市场中性别歧视的存在造成了福利和经济效率的双重损失,并与人力资本投资之间产生交互作用,严重阻碍女性群体对劳动人权的公平享有,影响女性人才资源的合理利用,而且导致社会人力资源的闲置和浪费(张抗私,2015)。女性平等就业能够促进实现社会公平和正义。一个公正的社会,应该尊重每一个人的尊严,保证每个人的自由和平等。就业性别歧视及社会性别排斥剥夺了女性劳动力的公平就业权,进而剥夺了女性更多地参与社会活动的机会,既有违公平与正义原则,也会进一步导致社会不公和市场在低效率中徘徊,因此应该采取措施对女性劳动人权进行有效保护,以保证女性在劳动力市场中享有自由和平等的权利。

我国现行立法对女性就业权的规定有些倾斜保护,但由于我国现行法律对就业歧视问题规定的缺失以及执法过程中存在的各种问题,所以有必要对现有的法律法规进行完善,增强法律法规实施上的可操作性。对现有法律法规的完善主要包括:第一,修订和完善《劳动法》,将现有法律实施落实到位,并规定具体的赔偿条款,加大处罚力度,加强对女性的特殊保护。第二,应完善《妇女权益保障法》,使立法更强调授权性,从消除歧视和关注弱势群体权益两方面强调政府、社会和学校的责任和义务。第三,完善《女职工劳动保护规定》,以进一步保障女职工平等的就业权利、生育保障权利、健康权利和法律权利。第四,完善妇女生育保险制度,要完善生育保护社会化。使招用女职工特殊成本得到分摊,创造女性就业的有利环境,扩大生育保险覆盖范围。改变传统的产假养育模式,男女两性共同承担责任,给予男性一定期限的育儿假和特别的休假日,与女性共同承担养育的责任。第五,完善劳动争议调解仲裁法,具体包括完善集体争议处理机制,改革劳动争议仲裁体制及程序等。为提高我国女性劳动人权的保护水平,还要在立足国内社会的基础上,借鉴西方发达国家的成功经验并且努力落实国际公约所传达的精神,加强国际交流与合作。力争建立起一套完善而切合我国实际的法律法规体系及相应机制,使我国的人权保护水平不断得以提升,使我国女性的劳动人权真正获得有效的法律保护。

8.2.4 强化收入分配政策作用,缩小不同劳动力群体的收入差距

我国政府应充分发挥好二次分配的作用,更多地向低收入群体倾斜,完善下岗职

工的基本生活保障和失业救济,以减轻对外直接投资对不同收入群体收入差距的扩大作用。

在数字经济快速发展的今天,由于面临产业的转型与升级的压力,一些传统行业中的就业群体将面临收入下降甚至结构性失业的风险。经济增长方式逐渐从数量扩张型向质量效益型转化,同时大量企业选择对外直接投资的方式来升级自身产业与提升自身企业的国际竞争力,这一过程中势必会出现大规模的产业和就业结构调整。在调整中,一方面,农业、制造业等传统行业需要进行技术转型升级,一些低端生产将被淘汰;另一方面,人工智能和互联网等技术的快速发展,也带来了生产方式的新变化。机器人的使用和推广,对劳动力产生的替代效应,对就业市场形成了新冲击。这些变化,均对传统的劳动力特别是低技能劳动力就业状况产生负面影响。在这一背景下,掌握新技术的人员能够胜出,而无法进行自身劳动技能改善实现"升级"的劳动者,将被逐步淘汰,面临收入增长停滞甚至失业风险。从行业角度看,钢铁、煤炭、低端制造业等面临淘汰或升级的行业或企业中的劳动者,面临着更高的失业或收入大幅下降风险。与此同时,技术进步和交易方式变革,拉大了要素获取收入能力的差距,相比劳动,资本和技术变得更为强势,普通劳动者依靠劳动获取收入增长的能力面临着来自资本和技术的更大挤压。一方面,全球化的日益深化使资本和人员等要素的国际流动更自由,通信、交通等技术的发展带来了市场规模的日趋扩大。在这一背景下,具有更高人力资本的劳动者获取收入的能力进一步提升,积累的财富规模也大幅增长。另一方面,那些人力资本水平相对不足或者是低技能的普通劳动者,由于生产经营活动向外转移或机器产生的替代面临收入进一步下降的风险。在新技术环境下,普通劳动者收入进一步恶化,提升劳动者相对于资本的收入也变得更为困难,资本持有人同一般劳动者之间的收入差距面临继续扩大的风险(Piketty,2014)。

低技能劳动者相对于中高技能劳动者在产业变革面前更容易受到冲击,面临失业风险增加,这严重影响了该群体的收入增长,更影响了自身与该群体下一代的人力资本投入。因此,需要政府构建稳定就业的综合措施。针对目前非正规就业人员工资收入低、社会保障不完善等问题,需要确定重点行业,提升非正规就业群体的就业质量。具体操作可从农民工占主体的建筑业、服务业入手。同时,结合产业结构调整,对现有就业人员展开就业培训,确保其人力资本持续改善,以适应经济转型升级要求。积极创建和完善新平台,扩大就业信息发布,促进就业供需有效对接。对技能低下、家庭困难的重点人群,可采用提供公益性岗位的办法,通过以工代赈等方式展开就业帮扶,确保其顺利就业。在推进上述政策措施过程中,核心原则是既要解决贫困,也要通过积极就业,解决这些人可能遭遇的社会排斥。

充分发挥税收、社会保障、转移支付等的作用,加大再分配的调节力度。一个科学、执行有效的再分配制度,能对初次分配格局形成有针对性的调节,缩小收入分配的最终差距(冯文猛 等,2017)。针对转型期的再分配制度的建设,重点应从以下方面入手。其一是进行税制改革,不断强化税收在促进居民收入公平分配中的功能。具体而言,通过建立综合与分类相结合的征税模式、完善累进税率设计、加大税收覆盖面等一系列举措,增强个人所得税对居民收入分配的调节功能,从而降低对低收入群体的税费,间接增加低收入群体收入;其二是以扩大征税范围、合理设计税率与改革征收模式为重点,加快推进消费税改革;改革完善财产税体系,尽快将对财产全环节特别是财产保有以及赠予、继承环节的征税提上议事日程;其三是提高税收征管能力,为税收促进收入公平分配提供重要保障。

进一步完善社会保障制度。完善的社会保障制度,能为劳动者建立各种风险保障措施,帮助他们消除和抵御各种市场风险,避免因生活缺乏基本保障而引发一系列的矛盾,从而维护社会的稳定。社会保障从多方面影响着收入分配格局,其覆盖范围、筹资机制、补偿水平、便携性等都对居民的收入分配产生影响。转型期的社会保障制度建设,重点完成两方面的工作。一方面,是完善社会救助制度,确保对中低收入特别是低收入人群应对各类风险特别是失业风险形成有效保障;另一方面,针对社会保障体系当前的碎片化现象,通过改革逐步实现各类人群保障水平的统一,消除群体间因户籍、职业以及性别等产生的保障差异。

参 考 文 献

Aceinoglu Daron, David Autor, 2010. Skills, Tasks and Technologies: Implications for Employment and Earnings[J]. NBER Working Paper.

Acemoglu D, 1998. Why Do New Technologies Complement Skills? Directed Technical Change and Wage Inequality[J]. The Quarterly Journal of Economics, 113(4):1055-1089.

Acemoglu D, Autor D, 2011. Chapter 12-Skills, Tasks and Technologies: Implications for Employment and Earnings[J]. Handbook of Labor Economics, 4b (16082):1043-1171.

Acemoglu Daron, 2010. When Does Labor Scarcity Encourage Innovation?[J]. Journal of Political Economy, 118(6):1037-1078.

Adermon A, Gustavsson M, 2015. Job Polarization and Task-Biased Technological Change: Evidence from Sweden, 1975-2005[J]. The Scandinavian Journal of Economics, 117(3):878-917.

Aiken L S, 1991. Multiple regression: Testing and interpreting interactions[M]. West S. G. US: Sage Publications.

Aitken B J, Harrison A E, 1999. Do Domestic Firms Benefit from Direct Foreign Investment? Evidence from Venezuela[J]. American Economic Review, 89(3): 605-618.

Amiti M, Wei S J, 2005. Fear of service outsourcing: Is it justified?[J]. Economic policy,20(42):308-347.

Antràs P, 2003. Firms, Contracts, and Trade Structure[J]. The Quarterly Journal of Economics, 118(4):1375-1418.

Antràs P, Helpman E, 2004. Global Sourcing[J]. Journal of Political Economy, 112(3):552-580.

参 考 文 献

Antràs P, Yeaple S R, 2014. Multinational Firms and the Structure of International Trade[J]. Handbook of International Economics, 4:55-130.

Antràs, Pol, 2005. Incomplete Contracts and the Product Cycle[J]. American Economic Review, 95(4):1054-1073.

Autor D H, 2003. Outsourcing at will: The contribution of unjust dismissal doctrine to the growth of employment outsourcing[J]. Journal of labor economics, 21(1): 41-42.

Autor D H, Dorn D, 2009. The Growth of Low Skill Service Jobs and the Polarization of the U. S. Labor Market[J]. NBER Working Papers, 103(5):1553-1597.

Autor D H, Dorn D, 2012. The growth of low skill service jobs and the polarization of the U. S. labor market[J]. American Economic Review, 103(5):1553-1597.

Autor D H, Dorn D, Hanson G H, 2013. Untangling Trade and Technology: Evidence from Local Labor Markets[J]. Nber Working Papers, 125(584): 621-646.

Autor D H, Katz L F, Kearney M S, 2006. The Polarization of the U. S. Labor Market[J]. American Economic Review, 96(2):189-194.

Becker O, Ekholm S K, Jckle R, et al, 2005. Location Choice and Employment Decisions: A Comparison of German and Swedish Multinationals[J]. Review of World Economics, 141(4):693-731.

Bellone F, Musso P, Schiavo S, 2010. Financial Constraints and Firm Export Behavior[J]. World Economy, 33:347-373.

Berman E, Bound J, Griliches Z, 1994. Changes in the demand for skilled labor within US manufacturing: evidence from the annual survey of manufacturers[J]. The Quarterly Journal of Economics:367-397.

Bernard A, Jensen B, 1999. Exceptional Exporter Performance: Cause, Effect, or Both? [J]. Journal of International Economics, 47(1):21-25.

Bigsten A, Durevall D, Munshi F, 2012. Offshoring and occupational wages: Some empirical evidence [J]. The Journal of International Trade & Economic Development, 21(2):253-269.

Blinder, Alan S, 2007. Offshoring: Big Deal, or Business as Usual? [J]. Center for Economic Policy Studies Working Paper.

Blomstrom M, Fors G, Lipsey R E, 1997. Foreign Direct Investment and Employment: Home Country Experience in the United States and Sweden[J]. The Economic Journal, 107(445):1787-1797.

Blomström M, Fors G, Lipsey R E, 1997. Foreign Direct Investment and Employment: Home Country Experience in the United States and Sweden[J]. Economic Journal, 107(445):1787-1797.

Bloom, Nicholas, Luis Garicano, et al, 2011. The distinct effects of Information Technology and Communication Technology on finn organization[J]. Working Paper.

Bloom, Nicholas, Mirko Draca, et al, 2011. Trade induced technical change? The impact of Chinese imports on innovation and Information Technology[J]. NBER Working Paper.

Borghans L, Weel B T, 2006. The Division of Labour, Worker Organisation, and Technological Change[J]. The Economic Journal, 116(509): 45-72.

Borland J, Coelli M, 2016. Labour Market Inequality in Australia[J]. Economic Record, 92(299):517-547.

Braconier H, Ekholm K, 2000. Swedish multinationals and competition from high and low-wage location[J]. Review of International Economics, 8(3):448-461.

Brainard S L, Riker D A, 1997. Are US Multinationals Exporting US Jobs[J]. NBER Working Paper.

Brambilla Irene, Daniel Lederman, Guido Porto, 2012. Exports, Export Destinations, and Skills[J]. American Economic Review, 102 (7):3406-38.

Buckley P J, Clegg L J, Cross A R, et al, 2007. The determinants of Chinese outward foreign direct investment[J]. Journal of International Business Studies, 38(4):499-518.

Buckley P J, Cross A R, Tan H, et al, 2008. Voss, Historic and Emergent Trends in Chinese Outward Direct Investment[J]. Management International Review, 48 (6):715-748.

Cai, H, Liu Q, 2009. Competition and Corporate Tax Avoidance: Evidence from Chinese Industrial Firms[J]. Economic Journal, 119(537):764-795.

Campbell D, 1994. Foreign Investment, Labor Immobility and the Quality of Employment[J]. International labor Review, 133(2):185-204.

Castellani D, Navaretti G B, 2004. Investments Abroad and Performance at Home: Evidence from Italian Multinationals[J]. CEPR Discussion Paper.

Charles K K, Hurst E, Notowidigdo M J, 2013. Manufacturing Decline, Housing Booms, and Non-Employment[J]. Social Science Electronic Publishing.

Cozza C, Rabellotti R, Sanfilippo M, 2015. The Impact of Outward FDI on the Performance of Chinese Firms[J]. China Economic Review, 36(3):42-57.

Crinò R, 2008. Service offshoring and productivity in Western Europe [J]. Economics Bulletin, 6(35):1-8.

Cuyvers L, Lombaerde P D, Rayp G, 2011. The labour market consequences of globalisation and regionalisation [J]. International Journal of Manpower, 32(July):252-256.

Desai M A, Foley C F, Hines J R, 2009. Domestic Effects of the Foreign Activities of US Multinationals[J]. American Economic Journal, 1(1):181-203.

Doms Mark E, Ethan G Lewis, 2006. Labor Supply and Personal Computer Adoption[J]. Federal Reserve Bank of Philadelphia Working Paper.

Driffield N, Love J H, Taylor K, 2009. Productivity And Labour Demand Effects Of Inward And Outward Foreign Direct Investment On Uk Industry [J]. Manchester School, 77.

Dunning J H, 1980. Toward an Eclectic Theory of International Production: Some Empirical Tests[J]. Journal of International Business Studies, 22(3):1-3.

Ebenstein, Avraham, 2009. When is the Local Average Treatment Close to the Average? [J]. Journal of Human Resources, 44(4):955-975.

Eichengreen B, Gupta P, 2011. The service sector as India's road to economic growth[R]. National Bureau of Economic Research.

Elia S, Mariotti I, Piscitello L, 2009. The impact of outward FDI on the home country's labour demand and skill composition [J]. International Business Review, 18(4):357-372.

Elia S, Mariotti I, Piscitello L, 2007. The Impact of Outward FDI on the Home Country's Labour Demand and Skill Composition[J]. ERSA Discussion Paper.

Elsby M W L, Michaels R, 2013. Marginal Jobs, Heterogeneous Firms, and Unemployment Flows[J]. American Economic Journal: Macroeconomics, 5(1):1-48.

Fajgelbaum P D, Grossman G M, Helpman E, 2011. A Linder Hypothesis for Foreign Direct Investment[J]. Review of Economic Studies, 82(1): págs. 83-121.

Falk M, Wolfmayr Y, 2008. Services and materials outsourcing to low-wage countries and employment: Empirical evidence from EU countries [J]. Structural Change and Economic Dynamics,19(1):38-52.

Feenstra R C, 2011. The international trade and investment program[J]. Program Report, NBER Reporter.

Feenstra R C, Hanson G H, 2000. Foreign direct investment and relative wages: Evidence from Mexico's maquiladoras[J]. Nber Working Papers, 42(3-4): 371-393.

Feenstra R C, Hanson G H,1995. Foreign investment, outsourcing and relative wages[R]. National Bureau of Economic Research.

Feenstra R C, Li Z, Yu M, 2011. Exports and Credit Constraints Under Incomplete Information: Theory and Evidence from China[J]. NBER Working Papers, 96 (4):729-744.

Figini P,2011. Does foreign direct investment affect wage inequality? An empirical investigation[J]. The World Economy,34(9):1455-1475.

Firpo S, Pieri R, Jr E P, et al, 2014. Evidence of eligibility manipulation for conditional cash transfer programs[J]. Economia, 15(3):243-260.

Geishecker I, Gorg H, 2008. Winners and Losers: A Micro-level Analysis of International Outsourcing and Wages[J]. Canadian Journal of Economics,41(1): 243-270.

Gervais M, Jaimovich N, Siu H E, et al, 2013. Technological Learning And Labor Market Dynamics [J]. International Economic Review, 56(1):27-53.

Gervais M, Jaimovich N, Siu H E, et al, 2015. Technological Learning And Labor Market Dynamics[J]. International Economic Review, 56.

Goldin C, Katz L F, 1998. The Origins Of Technology-Skill Complementarity[J]. Quarterly Journal of Economics, 113(3):693-732.

Goos M, Manning A, Salomons A, 2009. The polarization of the European labor market[J]. American Economic Review, 99(707):58-63.

Gorg H, Gorlich D, 2015. Offshoring, Wages and Job Security of Temporary

Workers[J]. Review of World Economics,151(3):533-554.

Gorg H, Hijzen A, Manchin M, 2007. Cross-border mergers and acquisitions and the role of trade costs [J]. SSRN Electronic Journal, 52(5):849-866.

Greenway D, Guariglia A, Kneller R, 2007. Financial Factors and Exporting Decisions[J]. Journal of International Economics, 73:377-395.

Griliches Z, 1969. Capital-Skill Complementarity [J]. Review of Economics & Statistics, 51(4):465.

Grossman G M, Helpman E, 2005. Outsourcing in a Global Economy[J]. Review of Economic Studies, 72(1):135-159.

Hakkala K N, Heyman F, Sjöholm F, 2014. Multinational Firms, Acquisitions And Job Tasks[J]. European Economic Review, 66(66):248-265.

Hanson G H, Mataloni R J, Slaughter M J, 2003. Expansion Abroad and the Domestic Operation of US Multinational Firms[J]. Tuck School of Business at Dartmouth.

Hansson P, 2005. Skill upgrading and production transfer within Swedish multinations[J]. The Scandinavian Journal of Economics, 107(4):673-692.

Harrison A E, McMillan M S, 2006. Outsourcing Jobs? Multinationals and US Employment[J]. NBER Working Paper.

Harrison A, Mcmillan M S, Null C, 2006. US multinational activity abroad and US jobs: substitutes or complements? [J]. MPRA Paper, 46(2):347-365.

Hayami H, Nakamura M, Nakamura A, 2012. Wages, overseas investment and ownership: implications for internal labor markets in Japan[J]. The International Journal of Human Resource Management, 23(14):2959-2974.

Head K, Ries J, 2002. Offshore Production and Skill Upgrading by Japanese Manufacturing Firms[J]. Journal of International Economics,58(1):81-105.

Heckman J,1979. Sample selection bias as a specification error[J]. Econometrica: Journal of the econometric society:153-161.

Helpman E, Melitz M, Rubinstein Y, 2008. Estimating Trade Flows: Trading Partners and Trading Volumes[J]. Quarterly Journal of Economics, 123(2): 441-487.

Helpman, E, Melitz M, Yeaple S R, 2004. "Export vs. FDI" [J]. America Economic Review, 94(1):300-316.

Hering L, Poncet S, 2010. Market Access and Individual Wages: Evidence from China[J]. Review of Economics and Statistics, 92(1):145-159.

Hijzen A, Jean S and Mayer T, 2011. The Effects at Home of Initiating Production abroad: Evidence from Matched French Firms, Review of World Economics, 147: 457-483.

Hijzen A, Tomohiko I, Yasuyuki T, 2006. The Effects of Multinational Production on Domestic Performance: Evidence from Japanese Firms[J]. Discussion Papers.

Hijzen A, Upward R, Wright P W, 2010. Job Creation, Job Destruction and the Role of Small Firms: Firm - Level Evidence for the UK[J]. Oxford Bulletin of Economics and Statistics,72(5):621-647.

Hopenhayn H A, 1992. Exit, selection, and the value of firms[J]. Journal of Economic Dynamics and Control, 16(3-4):621-653.

Howitt A P, 1994. Growth and Unemployment[J]. The Review of Economic Studies, 61(3):477-494.

Imbriani C, Pittiglio R, Reganati F, 2011. Outward foreign direct investment and domestic performance: the Italian manufacturing and services sectors[J]. Atlantic Economic Journal,39(4):369-381.

Jasay A E, 1960. The Social Choice Between Home and Overseas Investment[J]. The Economic Journal, 70(277):105-113.

Jiarui, Zhang, Lei Hou, 2014. Financial structure, productivity, and risk of foreign direct investment[J]. Journal of Comparative Economics, 42(3):652-669.

Kazunobu Hayakawa, Toshiyuki Matsuura, Kazuyuki Motohashi, et al, 2013. Two-dimensional analysis of the impact of outward FDI on performance at home: Evidence from Japanese manufacturing firms [J]. Japan & The World Economy,27.

Kleinert J, Toubal F, 2007. The Impact of Locating Production Abroad on Activities at home: Evidence from German Firm-Level Data[J]. University of Tubingen, Discussion Paper.

Konings J, Murphy A, 2001. Do Multinational Enterprises Substitute Parent Jobs for Foreign Ones? Evidence from European Firm Level Data[J]. CEPR Discussion Paper.

Kravis I B, Lipsey R E, 1988. Production and Trade in Services by U. S.

Multinational Firms[J]. Nber Working Papers, 24(6):993-1023.

Kravis I B, Lipsey R E, 1988. The Effect of Multinational Firms Foreign Operations on Their Domestic Employment[J]. NNER Working Paper.

Kremer M, Maskin E, 1996. Wage Inequality and Segregation by Skill[J]. Working papers.

Kremer M, Maskin E, 2006. Globalization and inequality[J].

Kroeger S, 2013. Essays on the economics of inequality[J]. Dissertations & Theses - Gradworks.

Krugman P, 1979. A Model of Balance-of-Payments Crises[J]. Journal of Money Credit & Banking, 11(3):311-325.

Krusell P, Ohanian L E, José-Víctor Ríos-Rull, et al, 2000. Capital-Skill Complementarity and Inequality: A Macroeconomic Analysis[J]. Econometrica, 68(5):1029-1053.

Levinsohn J, Petrin A, 2003. Estimating Production Functions Using Input to Control for Unobservable[J]. Review of Economic Studies, 70(2):317-341.

Lewis W, Agarwal R, Sambamurthy V, 2003. Sources of influence on beliefs about information technology use: an empirical study of knowledge workers[J]. MIS quarterly, 657-678.

Lindbeck A, Snower D J, 2000. The Division of Labor and the Market for Organizations[J]. Working Paper Series (3).

Lipsey R E, 1999. Foreign Production by US Firms and Parent Firm Employment[J]. NBER Working Paper.

Manning A, 2004. Monopsony and the efficiency of labour market interventions[J]. Labour Economics, 11(2):160-163.

Mayer T, Ottaviano G I P, 2007. The Happy Few: The Internationalization of European Firms[J]. Bruegel Blueprint Series.

Mazzolari Francesca, Giuseppe Ragusa, 2013. Spillovers from High-Skill Consumption to Low-Skill Labor Markets[J]. Review of Economics and Statistics, 95 (1) :74-86.

Melitz M, 2003. The impact of trade on intra-industry reallocations and aggregate industry productivity[J]. Econometrica, 71: 1695-1725.

Michaels G, Natraj A, Van Reenen J, 2010. Has ICT Polarized Skill Demand?

Evidence from Eleven Countries Over 25 Years[J]. Cepr Discussion Papers, 96(1):60-77.

Milgrom P, Roberts J, 1990. The Economics of Modern Manufacturing: Technology, Strategy, and Organization[J]. American Economic Review, 80(3): 511-528.

Mincer J ,1993. Studies in human capital[M]. Studies in human capital.

Mincer J, 1974. Unemployment Effects of Minimum Wages[J]. NBER Working Papers, 84(4):87-104.

Mishra A, Daly K, 2007. Effect of quality of institutions on outward foreign direct investment[J]. The Journal of International Trade & Economic Development, 16(2):231-244.

Molnar M, Pain N, Taglioni D, 2007. The International of Production, International Outsourcing and employment in the OECD[J]. OECD Working Paper.

Morris M, Western B, 1999. Inequality in earnings at the close of the twentieth century[J]. Annual Review of Sociology,25(1): 623-657.

Naticchioni P, Ragusa G, 2014. Information Technology and Labor Market Polarization in Europe[M]// Wealth, Income Inequalities, and Demography.

Navaretti G B Venables A J, 2006. Multinational Firms in the World Economy [M]. Princeton: Princeton University.

Navaretti G B, Castellani D, Disdier A C, 2006. How Does Investing in Cheap Labour Countries Affect Performance at home? France and Italy [J]. CSLD Development Studies Working Paper.

None, 2013. Organizing the Global Value Chain [J]. Econometrica, 81(6): 2127-2204.

Oldenski L, 2012. Export Versus FDI and the Communication of Complex Information[J]. Journal of International Economics, 87(2):312-322.

Olley S, Pakes A, 1996. The Dynamic of Productivity in the Telecommunications Equipment Industry[J]. Econometrica, 64(6):1262-1297.

Osterman P, 1994. How Common is Workplace Transformation and Who Adopts it? [J]. ILR Review, 47(2):173-188.

Osterman P, 2000. Work Reorganization in an Era of Restructuring: Trends in Diffusion and Effects on Employee Welfare[J]. Industrial and Labor Relations

Review, 53(2):179-196.

Ottaviano G I P, Peri G, Wright G C, 2013. Immigration, Offshoring, and American Jobs[J]. American Economic Review, 103(5):1925-1959.

Peng M W, Wang D Y L, Jiang Y, 2008. An Institution-Based View of International Business Strategy: A Focus on Emerging Economies[J]. Journal of International Business Studies, 39(5):920-936.

Piketty T, 2014. Capital in the Twenty-First Century[M]// Capital in the Twenty-First Century.

Ramondo N, Rappoport V, 2010. The role of multinational production in a risky environment[J]. Journal of International Economics, 81(2):250-252.

Robert Seamans, Manav Raj, 2018. AI, Labor, Productivity and the Need for Firm-Level Data[J]. Quarterly Journal of Economics[J]. NBER Working Paper.

Ryuhei W, Takashi N, 2012. Productivity and FDI of Taiwan Firms: A Review from a Nonparametric Approach[J]. 2012, RIETI Discussion Paper Series.

Tomiura E, 2007. Foreign Outsourcing, Exporting, and FDI: A Productivity Comparison at the Firm Level[J]. Journal of International Economics, 71:113-127.

Vernon R, 1966. International Investment and International Trade in the Product Cycle[J]. International Executive, 80(2):190-207.

Yamakawa Y, Peng M W, Deeds D L, 2008. What Drives New Ventures to Internationalize from Emerging to Developed Economies? [J]. Entrepreneurship Theory and Practice, 32 (1) :59-82.

Yeaple S R, 2005. Firm Heterogeneity, International Trade and Wages[J]. Journal of International Economics, 65:1-20.

Yeaple S R, 2009. Firm Heterogeneity and the Structure of US Multinational Activity[J]. Journal of International Economics, 78(2):206-215.

Zapkau F B, Schwens C, Kabst, Rüdiger, 2014. Foreign Direct Investments and Domestic Employment of German SMEs: The Moderating Effect of Owner Management[J]. Journal of Small Business Management, 52(3):451-476.

Zhang J, Hou L, 2014. Financial structure, productivity, and risk of foreign direct investment[J]. Journal of Comparative Economics, 42(3):652-669.

CEES研究团队,程虹,都阳,等,2017.中国制造业企业如何应对劳动力成本上升?

——中国企业-劳动力匹配调查(CEES)报告(2015-2016)[J].宏观质量研究,5(02):1-21.

边笑,2011.中国对外直接投资的制度决定因素实证研究[D].北京:北京邮电大学.

蔡宏波,刘杜若,张明志,2015.外商直接投资与服务业工资差距[J].南开经济研究,(4):109-120.

蔡宏波,周成华,蒙英华,2014.服务进口与工资差距——基于中国服务业企业数据的实证检验[J].国际贸易问题,(11):144-153.

陈昊,2013.出口是否加剧了就业性别歧视?——基于倾向评分匹配的再估计[J].财经研究,(9):109-119.

陈岩,杨桓,张斌,2012.中国对外投资动因、制度调节与地区差异[J].管理科学,25(03):112-120.

陈岩,翟瑞瑞,郭牛森,2014.基于多元距离视角的中国对外直接投资决定因素研究[J].系统工程理论与实践,(11):2760-2771.

程大中,2008.中国生产性服务业的水平、结构及影响[J].经济研究,(1):76-88.

戴觅,徐建炜,施炳展,2013.人民币汇率冲击与制造业就业——来自企业数据的经验证据[J].管理世界,(11):14-27.

戴翔,2006.对外直接投资对国内就业影响的实证分析[J].世界经济研究,(4):70-76.

都阳,贾朋,程杰.劳动力市场结构变迁、工作任务与技能需求[J].劳动经济研究,2017(3):30-49.

冯文猛,张亮,葛延风,等,2017.转型期应对收入分配问题的关键政策选择[J].发展研究,(10):12-20.

龚静,2014.母国制度因素对中国省际对外直接投资的影响研究——基于31个省市动态面板模型的实证分析[J].产经评论,5(04):150-160.

郝楠,2016.我国劳动力极化问题研究[D].安徽:安徽大学.

冀相豹,2014.中国对外直接投资影响因素分析——基于制度的视角[J].国际贸易问题,(9):98-108.

江小涓,2011.服务业增长:真实含义,多重影响和发展趋势[J].经济研究,(4):4-14.

江小敏,李宏兵,赵春明,2018.对外直接投资与城镇居民收入差距——基于微观个体数据的再检验[J].国际经贸探索,(3):46-63.

姜亚鹏,王飞,2012.中国对外直接投资母国就业效应的区域差异分析[J].上海经济研究,(7):43-53.

蒋冠宏,蒋殿春,2012.中国对外投资的区位选择:基于投资引力模型的面板数据检验[J].世界经济,(9):21-40.

蒋冠宏,蒋殿春,2014.中国工业企业对外直接投资与企业生产率进步[J].世界经济,(9):53-76.

李逢春,2012.对外直接投资的母国产业升级效应——来自中国省级面板的实证研究[J].国际贸易问题,(06):124-134.

李宏兵,郭界秀,翟瑞瑞,2017.中国企业对外直接投资影响了劳动力市场的就业极化吗?[J].财经研究,(06):30-41.

李宏兵,赵春明,蔡宏波,2014.外资进入扩大了性别工资差距吗[J].统计研究,(6):57-65.

李磊,白道欢,冼国明,2016.对外直接投资如何影响了母国就业?[J].经济研究,(8):144-158.

李梅,2010.人力资本、研发投入与对外直接投资的逆向技术溢出[J].世界经济研究,(10):69-75.

李实,宋锦,刘小川,2014.中国城镇职工性别工资差距的演变[J].管理世界,(3):53-65.

李秀娥,卢进勇,2013.中国企业跨境并购效率影响因素实证研究:基于制度视角[J].世界经济研究,(5):67-73.

梁文泉,陆铭,2015.城市人力资本的分化:探索不同技能劳动者的互补和空间集聚[J].经济社会体制比较,(03):185-197.

廖庆梅,刘海云,2018.基于二元梯度和边际的中国制造业OFDI母国就业效应[J].国际贸易问题,(06):137-153.

林毅夫,1997.充分信息与国有企业改革(之一)[J].中国经济信息,(12):34-35.

林毅夫,李志赟,2004.政策性负担、道德风险与预算软约束[J].经济研究,(2):17-27.

林治洪,陈岩,秦学志,2013.基于制度视角的企业国际化速度对绩效的影响研究:来自中国上市公司的经验分析[J].产业经济研究,(01):89-99.

刘海云,石小霞,2019.中国对外直接投资对收入分配的影响——基于收入不平等和极化增长的实证研究[J].国际经贸探索,(3):84-98.

刘志中,2011.中国服务业利用FDI的就业效应研究[J].技术经济管理研究,(1):94-98.

陆铭,高虹,佐藤宏,2012.城市规模与包容性就业[J].中国社会科学,(10):47-66.

陆正飞,王雄元,张鹏,2012.国有企业支付了更高的职工工资吗?[J].经济研究,(3):28-39.

罗丽英,黄娜,2008.我国对外直接投资对国内就业影响的实证分析[J].上海经济研究,(08):86-91.

罗良文,2007.对外直接投资的就业效应:理论及中国实证研究[J].中南财经政法大学学报,(5):87-91.

吕世斌,张世伟,2015.中国劳动力"极化"现象及原因的经验研究[J].经济学(季刊),14(2):757-778.

马立军,2013.外商直接投资(FDI)与中国省际经济增长差异——基于GMM估计方法[J].国际贸易问题,(10):149-158.

毛其淋,许家云,2014a.中国对外直接投资促进抑或抑制了企业出口?[J].数量经济技术经济研究,(9):3-21.

毛其淋,许家云,2014b.中国企业对外直接投资是否促进了企业创新[J].世界经济,(8):98-125.

毛日昇,2013.人民币实际汇率变化如何影响工业行业就业[J].经济研究,(3):56-69.

孟雪,2012.反向服务外包如何影响中国的就业结构——以中国作为发包国的视角分析[J].国际贸易问题,(9):82-95.

戚建梅,王明益,2017.对外直接投资扩大母国企业间工资差距了吗?[J].国际贸易问题,(1):116-126.

乔晶,胡兵,2014.中国对外直接投资:过度抑或不足[J].数量经济技术经济研究,(7):38-51.

邱立成,于李娜,2005.中国对外直接投资:理论分析与实证检验[J].南开学报:哲学社会科学版,(2):72-77.

邵文波,匡霞,林文轩,2018.数字化与高技能劳动力相对需求——基于中国微观企业层面的经验研究[J].经济评论,(2):15-29.

邵文波,李坤望,2014.信息技术、团队合作与劳动力需求结构的差异性[J].世界经济,(11):72-99.

宋冬林,王林辉,董直庆,2010.技能偏向型技术进步存在吗?——来自中国的经验证据[J].经济研究,(5):68-81.

宋勇超,2013.中国对外直接投资目的效果检验——以资源寻求型OFDI为视角[J].

经济问题探索,(8):123-129.

唐东波,2011.全球化对中国就业结构的影响[J].世界经济,(9):95-117.

唐东波,2012.垂直专业化贸易如何影响了中国的就业结构?[J].经济研究,(8):118-131.

田洪川,石美遐,2013.制造业产业升级对中国就业数量的影响研究[J].经济评论,(5):68-78.

王碧珺,2013.被误读的官方数据——揭示真实的中国对外直接投资模式[J].国际经济评论,(01):61-74+5.

魏君英,陈银娥,2010.中国对外贸易与经济增长关系的实证研究[J].华中科技大学学报(社会科学版),(3):113-117.

魏作磊,2006.FDI对我国三次产业结构演变的影响——兼论我国服务业增加值比重偏低现象[J].经济学家,(3):61-67.

吴云霞,马野驰,2018.全球价值链参与率对中国行业内劳动者就业结构差距的影响——基于WIOD数据库的实证研究[J].国际经贸探索,(5):4-18.

夏炎,王会娟,张凤,等,2018.数字经济对中国经济增长和非农就业影响研究——基于投入占用产出模型[J].中国科学院院刊,(7):707-716.

项本武,2009.中国对外直接投资的贸易效应研究——基于面板数据的协整分析[J].财贸经济,(4):77-82.

谢千里,罗斯基,张轶凡,2008.中国工业生产率的增长与收敛[J].经济学(季刊),(3):809-826.

薛敬孝,韩燕,2006.服务业FDI对我国就业的影响[J].南开学报(哲学社会科学版),(2):125-133.

阎大颖,洪俊杰,任兵,2009.中国企业对外直接投资的决定因素:基于制度视角的经验分析[J].南开管理评论,12(06):135-142+149.

阎虹戎,冼国明,明秀南,2018.对外直接投资是否改善了母公司的员工结构?[J].世界经济研究,(1):53-66.

杨蕙馨,李春梅,2013.中国信息产业技术进步对劳动力就业及工资差距的影响[J].中国工业经济,(1):51-63.

杨恺钧,胡树丽,2013.经济发展、制度特征与对外直接投资的决定因素——基于"金砖四国"面板数据的实证研究[J].国际贸易问题,(11):63-71.

杨连星,沈超海,殷德生,2019.对外直接投资如何影响企业产出[J].世界经济,(4):77-100.

姚战琪,夏杰长,2005.资本深化、技术进步对中国就业效应的经验分析[J].世界经济,(1):58-67.

袁其刚,商辉,张伟,2015.对外直接投资影响工资水平的机制探析[J].世界经济研究,(11):80-89.

詹晓宁,欧阳永福,2018.数字经济下全球投资的新趋势与中国利用外资的新战略[J].管理世界,(3):78-86.

张海波,彭新敏,2013.ODI对我国的就业效应——基于动态面板数据模型的实证研究[J]财贸经济,(2):101-111.

张抗私,2015.劳动力市场性别歧视与女性人权保护[J].人权,(4):29-43.

周茂,陆毅,陈丽丽,2015.企业生产率与企业对外直接投资进入模式选择——来自中国企业的证据[J].管理世界,(11):70-86.